연세 한국어

읽기 2

연세대학교 한국어학당 편

연세대학교 출판문화원

연세 한국어 읽기 2

편저자 연세대학교 한국어학당 교재편찬위원회
집필진 조현선 · 유연숙 · 김성진 · 박보경 · 이선영
펴낸곳 연세대학교 출판문화원

주소 서울시 서대문구 연세로 50
전화 2123-3380~2
팩스 2123-8673
ysup@yonsei.ac.kr
http://press.yonsei.ac.kr

등록 1955년 10월 13일 제9-60호
인쇄 (주)동국문화
삽화 디투웍스
녹음 MS미디어
성우 윤미나 · 전광주

2010년 10월 22일 1판 1쇄 2025년 12월 19일 1판 17쇄
ISBN 978-89-7141-930-4 (08710)

값 20,000원(CD 포함)

머리말

국내 최고의 명성으로 한국어 교육의 50년 전통을 이어 온 연세대학교 언어연구교육원 한국어학당에서는 한국어 교육의 질을 높이기 위해 그 동안 많은 교재를 편찬해 왔다. 최근 한국과 한국 문화에 대한 세계인들의 관심이 높아지고 한국어를 배우고자 하는 해외동포와 외국인이 늘면서 한국어 교재에 대한 학습자들의 요구도 다양해졌다. 이에 따라 연세대학교 언어연구교육원 한국어학당에서는 다양한 학습자들을 대상으로 한국어와 한국 문화를 교육할 수 있는 새로운 교재를 출간하게 되었다.

연세대학교 언어연구교육원 한국어학당에서 출간하는『연세 한국어 읽기 2』는 한국어 초급 학습자를 위한 읽기 교재로서 초급 수준에서 소홀히 하기 쉬운 독해 능력 향상은 물론 자모와 발음의 정확한 습득을 목표로 하고 있다. 특히 이 교재는 여러 가지 유형의 의사소통 기능을 집중적으로 향상시킬 수 있도록 구성된『연세 한국어 2』와 함께 사용하면 초급 수준부터 한국어 구조와 사용의 정확한 습득이 가능하여 고급 수준의 전문적인 한국어를 구사하는 단계에 용이하게 이를 수 있는 장점이 있다.

『연세 한국어 읽기 2』는 한국어 읽기 학습 단계별로 요구되는 내용을 주제로 본문을 구성하되 다양한 실제 문어 텍스트를 포함하고자 하였다. 아울러 어휘에 대한 집중적인 연습뿐만 아니라 읽기 외에 말하기, 쓰기 능력을 균형 있게 향상시킬 수 있도록 읽기 전, 읽기, 읽기 후 단계별로 다양한 과제와 활동으로 구성하였다. 또한 학습자들이 흥미를 가질 수 있는 주제와 장면을 기초로 읽기를 수행하면서 학습자가 중심이 되어 한국어를 배우고 익힐 수 있도록 배려하였다.

『연세 한국어 읽기 2』가 연세대학교 언어연구교육원 한국어학당에서 공부하는 학생들뿐만 아니라 한국어를 정확하게 이해하고 구사하려는 모든 한국어 학습자들에게 도움이 되기를 바란다.

연세대학교 언어연구교육원
한국어학당 교재편찬위원회

일러두기

- 『연세 한국어 읽기 2』는 총 40개 단원과 10개의 복습으로 이루어져 있고, 부록에는 학습자를 위한 자료로서 **모범 답안**과 **어휘 색인**이 실려 있다. 40개 단원은 4개 과씩 주제별로 묶고 매 4개 단원 뒤에 **확인해 봅시다**를 두어 복습을 할 수 있도록 하였다.
  40개의 각 단원은 **도입 질문**과 **그림**, **본문**, **어휘**, **어휘 연습**, **질문**, **더 공부해 봅시다**, **읽어 봅시다**로 되어 있다.

- **도입 질문**과 **그림**은 읽기 전 단계로서, 학습자가 읽을 내용과 관련된 그림을 보며 배경지식을 활용하여 글 읽기에 자발적으로 참여하도록 하였다.

- **본문**은 『연세 한국어 2』의 10개 주제에 맞춰 매 주제와 관련된 내용으로 4개 과씩 묶어 실었으며, 학습자가 내용을 파악하고 이해하는 능력을 기르고 여러 문화에 대한 이해의 폭을 넓힐 수 있도록 하였다.

- **어휘**는 본문 다음에 영어, 일본어, 중국어 번역과 함께 제시하여 학습자가 쉽게 의미를 이해할 수 있도록 하였고, **어휘 연습**은 다양한 유형의 연습 문제를 통하여 어휘의 의미와 용법을 확인하도록 하였다.

- **질문**은 내용 이해를 묻는 것으로서, 학습자들이 본문의 내용을 충분히 이해했는지를 확인할 수 있도록 4개의 질문을 단계적으로 구성하였으며 마지막 질문은 실생활과 관련된 질문을 통하여 학습자가 흥미를 느끼고 참여하게 하였다.

- **더 공부해 봅시다**는 읽은 후 활동으로서, 매 단원과 관련되어 실생활에서 접할 수 있는 다양한 글을 싣는 것을 원칙으로 하였으며 글의 내용과 관련된 질문을 통하여 학습자가 내용을 이해하도록 하였다. 또한 학습한 내용이 실생활에서 도움이 되도록 하였다.

- **읽어 봅시다**는 해당 본문에서 발음의 예를 골라 초급 단계에서 기본적으로 알아야 할 발음 규칙들을 익히도록 하였으며 해당 발음은 문장 단위로 연습할 수 있도록 하였다.

- **확인해 봅시다**는 발음, 어휘, 읽기 활동으로 구성하여 배운 것을 확인할 수 있도록 하였고, 읽기는 4개 과의 내용을 포괄적으로 이해하고 글의 구조를 익힐 수 있도록 구성하였다.

- **모범 답안**은 **어휘 연습**과 **질문**, **더 공부해 봅시다**에서 학습자의 의견을 묻는 주관식 문제를 제외한 모든 문제의 답을 제시하여 학습자가 혼자 공부하는 데 도움이 되도록 하였다.

- **어휘 색인**에서는 각 단원에서 다루어진 주요 어휘를 가나다 순으로 정리하여 그 어휘가 실려 있는 쪽수와 함께 제시하였다.

차례

내용 구성

주제		과	제목	내용	발음
01	소개	1	나의 꿈	자기소개서	모음 1
		2	아름다운 우리 학교	학교를 소개하는 글	모음 2
		3	소중한 물건	물건을 소개하는 글	모음 3
		4	자연의 도시, 밴쿠버	고향을 소개하는 글	모음 어울림 1
02	한국 음식	5	한국 사람과 떡	떡에 관한 글	모음 어울림 2
		6	특별한 날에 먹는 음식	미역국과 국수에 관한 글	모음 어울림 3
		7	궁중떡볶이	요리법을 소개하는 글	모음 어울림 4
		8	음식과 문화	음식과 문화의 관계에 관한 글	소리 이음 1
03	시장	9	시장과 백화점	시장을 방문한 경험을 쓴 글	소리 이음 2
		10	수산 시장	수산 시장을 방문한 경험을 쓴 글	소리 이음 3
		11	편리한 쇼핑	인터넷 쇼핑을 이용한 경험을 쓴 글	거센소리 1
		12	중고품 시장	중고품 시장을 소개하는 글	거센소리 2
04	초대	13	친구의 생일 파티	파티 준비에 관한 글	거센소리 3
		14	친구 집 방문	친구 집을 방문한 경험을 쓴 글	거센소리 4
		15	청첩장	청첩장	된소리 1
		16	친구의 결혼식	결혼식에 참석한 경험을 쓴 글	된소리 2
05	교통	17	서울 구경	서울을 구경한 경험을 쓴 글	된소리 3
		18	지하철 풍경	지하철을 탄 경험을 쓴 글	된소리 4
		19	가 보고 싶은 지하철역	지하철역을 소개하는 글	된소리 5
		20	교통과 생활	교통과 생활의 관계에 관한 글	콧소리 1

	주제	과	제목	내용	발음
06	공공기관	21	학술정보관	도서관을 소개하는 글	콧소리 2
		22	서비스가 좋은 은행	은행에 간 경험을 쓴 글	콧소리 3
		23	요가 배우기	문화회관 프로그램 수강에 관한 글	콧소리 4
		24	자원봉사	자원봉사에 관한 글	콧소리 5
07	전화	25	미영 씨와의 전화	전화 통화한 경험을 쓴 글	흐름소리 1
		26	전화 예약	전화로 예약한 경험을 쓴 글	흐름소리 이음 /ㄹㄹ/
		27	부모님과의 화상 통화	화상 통화를 한 경험을 쓴 글	받침 /ㄹ/
		28	단짝 친구	휴대전화에 관한 글	ㅎ소리 줄이기
08	병원	29	국제진료센터	국제진료센터에 간 경험을 쓴 글	흐름소리 2
		30	한의원에서의 신기한 경험	한의원에 간 경험을 쓴 글	모음 /ㅢ/
		31	쉽게 할 수 있는 스트레칭	스트레칭을 소개하는 글	입천장소리 1
		32	건강보험	건강보험에 관한 글	입천장소리 2
09	여행	33	혼자 떠나는 여행	기행문 (학생글)	혀끝소리 1
		34	꿈같은 세계 여행	기행문 (학생글)	혀끝소리 2
		35	여행 계획	여행을 계획하는 과정에 관한 글	입술소리
		36	추천하고 싶은 여행지	여행지를 추천하는 글	받침소리 1
10	집안일	37	방 청소	방 청소에 관한 문답 형식의 글	받침소리 2
		38	이사하는 날	이사한 경험을 쓴 글	받침소리 3
		39	로봇과 생활	미래의 가사로봇에 관한 글	받침소리 4
		40	다양한 집안일 도우미	집안일 도우미를 소개하는 글	받침소리 5

제1과 나의 꿈

- 자기소개를 할 때 무엇을 말합니까?
- 언제 자기소개서를 씁니까?

CD: 01

저는 1987년에 부산에서 태어났습니다. 부산은 바다와 가까워서 저는 자주 바다에 갔습니다.

'저 넓은 바다 밖은 어떤 곳일까?'

바다는 저에게 꿈을 주었습니다.

저는 여러 나라의 이야기를 알고 싶어서 책을 많이 읽었습니다. 그리고 책에서 읽은 나라들을 모두 여행하고 싶었습니다. 대학교에 다닐 때는 아르바이트를 해서 모은 돈으로 여행을 할 수 있었습니다. 저는 춥고 눈이 많이 오는 나라와 따뜻하고 꽃이 피는 나라, 조용한 시골과 복잡한 도시 등 세계 여러 곳을 여행했습니다. 다른 나라에 가면 날씨도 다르고 문화도 다르기 때문에 여행은 더 즐거웠습니다.

이제 저는 좀 더 넓은 곳에서 일할 준비가 되었습니다. 세계 어디든지 갈 수 있습니다. 연세 여행사에서 저에게 기회를 주시면 열심히 일할 것을 약속 드리겠습니다.

어휘			
꿈	dream	夢	梦想
자기소개서	a letter of self -introduction	自己紹介書	自己介绍书
태어나다	to be born	生まれる	出生
모으다	to save	集める	攒(钱)
피다	to bloom	咲く	开(花)
등	etc. et cetera	等	等
세계	world	世界	世界
문화	culture	文化	文化
기회	chance	機会, チャンス	机会

어휘 연습

1. 빈 칸에 알맞은 어휘를 쓰십시오.

기회 세계 피다 태어나다

❶ ( ) 지도를 보면 여러 나라를 찾아 볼 수 있습니다.

❷ 제가 ( )는/은/ㄴ 곳은 경치가 아름다운 시골입니다.

❸ 한국어학당에는 여러 나라의 친구들을 사귈 ( )이/가 많습니다.

❹ 봄에는 빨갛고 노란 꽃들이 ( )어서/아서/여서 아주 아름답습니다.

2. 다음과 같이 빈 칸에 알맞은 어휘를 쓰십시오.

❶ 어젯밤에 좋은 꿈을 ~~을/를~~ 꿨으니까 오늘 시험을 잘 볼 거예요.

❷ 파티에서 친구들과 .... 을/를 추고 놀았어요.

❸ 비행기에서 .... 을/를 잘 자지 못해서 피곤해요.

❹ 저는 어릴 때부터 .... 을/를 그리는 것을 좋아했습니다.

질문

1. 이 사람은 왜 이 글을 썼습니까?

2. 이 사람은 왜 책을 많이 읽었습니까?

3. 앞 글의 내용과 같으면 O, 다르면 X 하십시오.

❶ 이 사람은 세계 여행을 많이 했습니다. ( )

❷ 이 사람은 꿈에서 자주 바다에 갑니다. ( )

❸ 이 사람은 복잡한 도시에 가고 싶어하지 않습니다. ( )

❹ 이 사람은 크고 넓은 회사에서 일하고 싶어합니다. ( )

4. 앞 글을 읽은 여행사 직원과 이 사람의 대화를 만드십시오.

여행사 직원 : 여기 앉으십시오.

이 사람 : 안녕하십니까? ....(이름).......... 입니다.

여행사 직원 : 어디에서 태어났습니까?

이 사람 : ....

여행사 직원 : 대학교 때 생활은 어땠습니까?

이 사람 : ....

여행사 직원 : 여행한 곳이 있습니까?

이 사람 : ....

여행사 직원 : .... ?

이 사람 : ....

여행사 직원 : .... ?

이 사람 : ....

5. 이 사람은 여행사에서 일을 잘할 수 있을 것 같습니까?

더 공부해 봅시다

- 다음은 자기소개서입니다. 이 글을 쓴 사람은 어느 곳에서 일하면 좋을까요? 읽고 이야기해 봅시다.

은행 　 신문사 　 항공사 　 호텔 　 잡지사 　 무역 회사

저는 글을 읽고 쓰는 것을 좋아해서 대학교에서 문학을 공부했습니다. 졸업 후에는 여러 나라를 여행했습니다. 여행하는 동안 여러 나라의 문화를 보고 배웠습니다. 또 여행할 때 보고 들은 것을 글로 쓰기도 했습니다. 그때 쓴 글을 모아서 책을 만들고 싶습니다.

저는 대학교에서 경제학을 공부했습니다. 시간이 있을 때는 이곳저곳에 가서 사진을 찍습니다. 사진을 모으는 것이 제 취미입니다. 친구들과 사진 이야기도 많이 합니다. 친구들은 제 이야기를 듣는 것을 아주 좋아합니다. 경제학도 재미있지만 저는 사진 찍기를 더 좋아합니다.

저희 부모님은 일본 사람이지만 저는 중국에서 태어났습니다. 그래서 저는 중국어와 일본어를 모두 잘할 수 있습니다. 요즘에는 한국어를 배우고 있습니다. 기회가 있으면 독일어도 공부하고 싶습니다. 저는 외국어를 배우는 것이 제일 좋습니다. 저는 앞으로 세계 여러 나라 사람들을 많이 만나고 싶습니다.

읽어 봅시다 [CD: 02]

모음 1 /ㅏ/ /ㅓ/ /ㅗ/ /ㅜ/ /ㅡ/

• 자주, 바다	저는 자주 바다에 갔습니다.
• 여러, 읽었습니다	저는 여러 나라의 이야기를 알고 싶어서 책을 많이 읽었습니다.
• 곳	저 넓은 바다 밖은 어떤 곳일까?
• 꿈, 주었습니다	바다는 저에게 꿈을 주었습니다.
• 많은, 다르고	많은 나라들은 날씨도 다르고 문화도 다릅니다.

글	story	文章	文章
문학	literature	文学	文学

YONSEI KOREAN READING 2

제2과 아름다운 우리 학교

- 우리 학교가 어떻습니까?
- 학교 생활의 좋은 것은 무엇입니까?

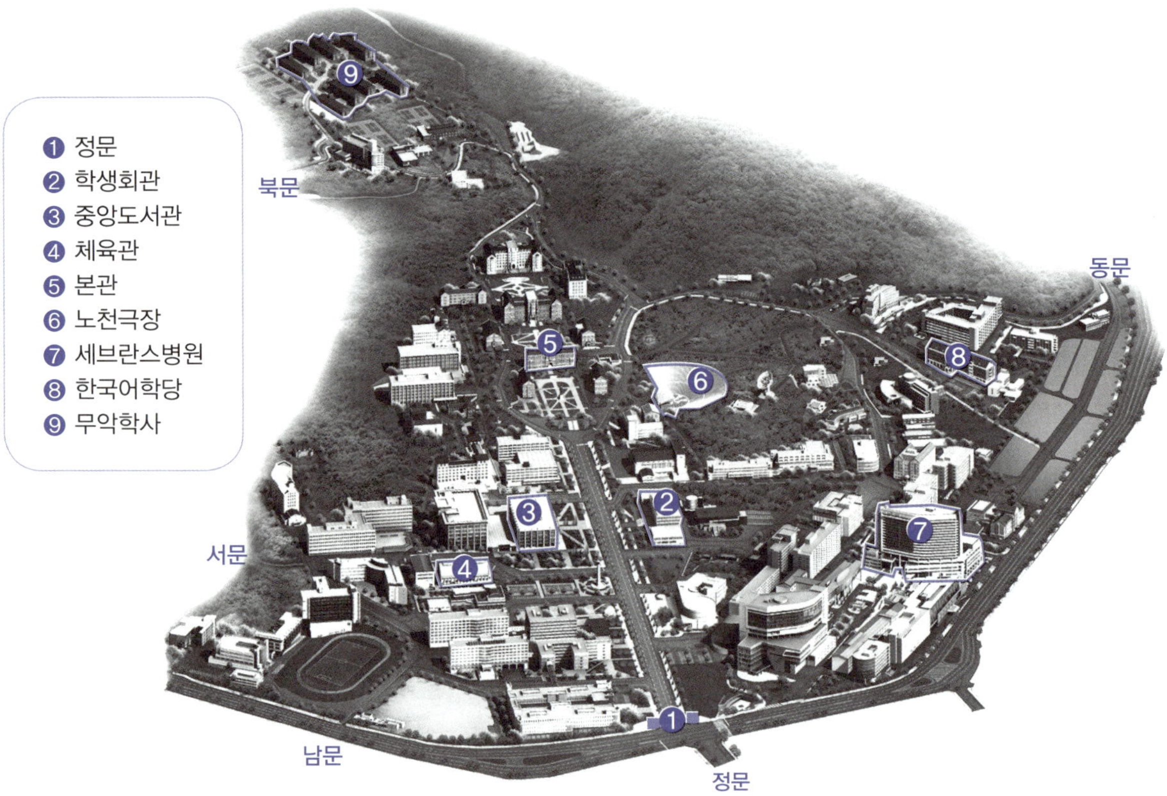

CD: 03

저는 한국에 온 지 두 달 됐습니다. 제가 다니는 학교는 한국에서 유명한 대학교 중의 하나입니다. 우리 학교는 역사가 오래됐습니다. 그리고 캠퍼스도 넓고 아름답습니다. 학교 안에는 도서관과 학생회관과 병원이 있습니다. 도서관에는 컴퓨터실과 멀티미디어실이 있고 학생회관에는 식당과 은행, 음악감상실, 건강센터가 있습니다. 모두 가까이 있어서 이용하기가 편리합니다.

제가 한국말을 배우는 한국어학당에는 여러 나라에서 온 학생들이 많아서 다양한 친구들을 만날 수 있습니다. 저는 평일에 오전 9시부터 오후 1시까지 수업이 있습니다. 수업이 끝난 후에 저는 친구와 점심을 먹고 자주 컴퓨터실에 가서 인터넷을 합니다. 주말에는 학교 운동장에서 친구들과 같이 축구나 농구를 합니다.

한국어학당에 있으면 여러 나라를 여행하는 것 같습니다. 저는 날마다 넓고 큰 세계를 만납니다.

어휘			
오래되다	to be aged, to be old	古い	悠久
캠퍼스	campus	キャンパス	校园
멀티미디어실	multimedia room	マルチメディア室	多媒体教室
음악감상실	music listening room, music hall	音楽鑑賞室	音乐教室
건강센터	health center	保健室	健康中心
가까이	close by, nearby	近くに	近
이용하다	to use	利用する	使用
편리하다	to be convenient	便利だ	便利
다양하다	to be various, to be diverse	多様だ	各种各样
평일	weekdays	平日	平时

어휘 연습

1. 빈 칸에 알맞은 어휘를 쓰십시오.

다양하다　　오래되다　　이용하다　　편리하다

❶ 단어를 찾을 때 전자사전이 있으면 (　　　　　　)어요/아요/여요.

❷ 높은 층에 올라가실 때는 엘리베이터를 (　　　　　　)으세요/세요.

❸ 저는 한국에 온 지 (　　　　　　)어서/아서/여서 한국 친구가 많습니다.

❹ 시장에 (　　　　　　)는/은/ㄴ 물건이 많아서 시장에서 쇼핑하는 것이 재미있어요.

2. 다음과 같이 빈 칸에 알맞은 어휘를 쓰십시오.

❶ ....실 : 음악감상실, ..., ..., ...

❷ ....관 : 도서관, ..., ..., ...

❸ ....방 : 노래방, ..., ..., ...

질문

1. 이 사람은 언제 한국에 왔습니까?

2. 이 사람은 한국어학당에 있으면 왜 여러 나라를 여행하는 것 같습니까?

3. 앞 글의 내용과 같으면 O, 다르면 X 하십시오.

❶ 학생회관에 도서관이 있습니다. ( )

❷ 이 사람은 한국 생활이 즐겁습니다. ( )

❸ 이 사람은 주말에 친구들과 등산을 합니다. ( )

❹ 이 사람은 일주일에 스무 시간 수업을 합니다. ( )

4. 맞게 연결하십시오.

❶ 운동장 •		• ㉠ 넓고 아름답습니다.
❷ 캠퍼스 •		• ㉡ 안에 건강센터가 있습니다.
❸ 도서관 •		• ㉢ 안에 멀티미디어실이 있습니다.
❹ 학생회관 •		• ㉣ 주말에 친구들과 농구를 합니다.
❺ 한국어학당 •		• ㉤ 여러 나라 친구들을 많이 만날 수 있습니다.

5. 여러분이 다닌 학교를 소개하십시오.

더 공부해 봅시다

○ 다음은 우리 학교에 있는 곳입니다. 읽고 질문에 답하십시오.

멀티미디어실 위치 : 도서관 2층	다양한 영화를 무료로 볼 수 있습니다. 이용시간 : 학기 중 (평일 09:00~22:00, 토요일 09:00~17:00) 방학 (평일 09:00~20:00, 토요일 09:00~17:00)
음악감상실 위치 : 학생회관 2층	아름다운 음악을 들을 수 있습니다. 이용시간 : 월~금 10:00~17:00 (방학과 시험 때는 쉽니다.)
건강센터 위치 : 학생회관 2층	아플 때 오시면 도와 드리겠습니다. 약값도 쌉니다. 이용시간 : 월~금 09:00~17:00 (점심시간:12:00~13:00)
여행사 위치 : 학생회관 지하 1층	비행기표와 기차표를 살 수 있습니다. 여행 상담도 해 드립니다. 친절하게 도와 드리겠습니다. 이용시간 : 월~토 08:30~18:00

1. 여러분은 어디에 자주 갈 것 같습니까?

2. 학교에 어떤 곳이 더 있었으면 좋겠습니까?

읽어 봅시다 [CD: 04]

모음 2 /ㅖ/ /ㅘ/ /ㅙ/ /ㅢ/ /ㅣ/

- 세계 — 날마다 저는 넓고 큰 세계를 만납니다.
- 도서관과, 학생회관 — 학교 안에는 도서관과 학생회관이 있습니다.
- 됐습니다 — 저는 한국에 온 지 두 달 됐습니다.
- 중의 — 한국에서 유명한 대학교 중의 하나입니다.
- 가까이, 이용하기 — 모두 가까이 있어서 이용하기가 편리합니다.

무료	no charge, for free	無料	免费
위치	location	位置	位置
약	medicine	薬	药
상담	consultation, counseling	相談	商谈

제3과 소중한 물건

- 요즘 필요한 물건이 있습니까?
- 왜 그것이 필요합니까?

CD: 05

저는 원룸에서 혼자 살기 때문에 물건이 많지 않습니다. 하지만 노트북, 엠피스리(MP3), 디카, 휴대전화, 가족사진 등 제가 좋아하는 것이 많습니다. 그 중에서 저에게 제일 소중한 것은 바로 밥솥입니다.

저는 작년까지 부모님과 같이 살았기 때문에 어머니께서 날마다 밥을 해 주셨습니다. 그런데 지금은 부모님과 같이 살지 않고 제가 요리를 잘 못하기 때문에 혼자서 밥을 해 먹는 것이 너무 어렵습니다. 그래서 밖에서 사 먹는 일이 많아서 건강이 조금 나빠졌습니다.

부모님은 항상 제 건강을 걱정하십니다. 그래서 어머니는 지난달에 저에게 밥솥을 보내 주셨습니다. 이 밥솥은 작아서 혼자 밥을 해 먹기도 좋고 밥도 아주 빨리 됩니다.

밥솥을 받고 오랜만에 따뜻한 밥을 해 먹었습니다. 반찬이 많지 않았지만 밥이 따뜻하니까 아주 맛있었습니다. 밥솥이 있어서 이제 밥을 하는 것이 어렵지 않습니다. 저는 이 밥솥으로 밥을 해 먹을 때마다 어머니를 생각합니다.

어휘			
소중하다	to be precious	大切だ, 大事だ	珍贵
원룸	one room, studio	ワンルーム	单人间
디카	digital camera	デジカメ	数码相机
밥솥	rice cooker	炊飯器	电饭锅
밥을 하다	to cook (rice)	ご飯を作る	做饭
건강	health	健康	健康
생각하다	to think	想う	想念

어휘 연습

1. 빈 칸에 알맞은 어휘를 쓰십시오.

건강　원룸　생각하다　소중하다

❶ 방학을 하면 여행을 가려고 (　　　　　)고 있습니다.

❷ 담배를 많이 피우는 것은 (　　　　　)에 좋지 않습니다.

❸ 나에게 제일 (　　　　　)는/은/ㄴ 것은 우리 가족입니다.

❹ 저는 혼자 살기 때문에 방 하나에 작은 화장실이 있는 (　　　　　)에서 살고 있어요.

2. 이것으로 무엇을 합니까? 다음과 같이 쓰십시오.

❶ 디카 : 사진을 찍습니다.

❷ 휴대전화 : ______________.

❸ 노트북 : ______________.

❹ 밥솥 : ______________.

❺ 텔레비전 : ______________.

YONSEI KOREAN READING 2

질문

1. 어머니께서 왜 밥솥을 보내 주셨습니까?

2. 이 밥솥은 어떻습니까?

3. 앞 글의 내용과 같으면 O, 다르면 X 하십시오.

❶ 이 사람은 부모님과 함께 삽니다. ( )

❷ 이제는 밥을 잘 할 수 있습니다. ( )

❸ 이 사람은 부모님의 건강을 걱정합니다. ( )

❹ 이 사람의 원룸에는 물건이 많지 않습니다. ( )

4. 앞 글을 읽고 다음과 같이 묻고 대답하십시오.

❶ 가 : 이 사람은 왜 건강이 나빠졌습니까?

나 : 혼자 밥을 해 먹는 것이 너무 어려워서 식당에서 사 먹는 일이 많았기 때문입니다.

❷ 가 : 요즘도 밥을 하는 것이 어렵습니까?

나 : ....

❸ 가 : .... ?

나 : ....

❹ 가 : .... ?

나 : ....

5. 여러분에게 제일 소중한 물건을 소개하십시오.

더 공부해 봅시다

○ 다음은 한 학생이 쓴 글입니다. 읽고 질문에 답하십시오.

도와주세요!!!

어제 이 근처에서 제 **디카**를 잃어버렸습니다.
저에게 아주 소중한 물건입니다.
제 디카를 보신 분이나 가지고 계시는 분은 꼭 연락해 주세요.
디카와 디카 안의 사진을 찾고 싶습니다.
꼭! 연락해 주세요!!!

☎ 010-****-5678

1. 이 사람은 왜 이 글을 썼습니까?

2. 언제, 어디에서 물건을 잃어버렸습니까?

읽어 봅시다 [CD: 06]

모음 3 /ㅐ/ /ㅕ/ /ㅚ/ /ㅝ/ /ㅠ/

• 오랜만에, 해	밥솥을 받고 오랜만에 따뜻한 밥을 해 먹었습니다.
• 주셨습니다	어머니는 지난달에 저에게 밥솥을 보내 주셨습니다.
• 됩니다	이 밥솥은 작아서 밥도 아주 빨리 됩니다.
• 원룸, 어려웠습니다	원룸에서 혼자 살기 때문에 밥을 해 먹는 것이 어려웠습니다.
• 휴대전화	노트북, 휴대전화, 가족사진 등 제가 좋아하는 것이 많습니다.

가지고 있다	to have	持っている	拿着
꼭	surely, in any case	是非	一定

제4과 자연의 도시, 밴쿠버

- 여러분의 고향은 어디입니까?
- 그곳은 어떤 곳입니까?

CD: 07

저는 캐나다에서 왔습니다. 우리나라의 남쪽에는 미국이 있고 북쪽에는 알래스카와 북극해가 있습니다. 캐나다는 세계에서 두 번째로 큰 나라입니다. 그렇지만 사람들이 많지 않아서 복잡하지 않고 살기가 좋습니다.

제 고향은 캐나다 남서쪽에 있는 밴쿠버입니다. 밴쿠버의 서쪽에는 아름다운 바다가 있고 동쪽에는 로키산맥이 있습니다. 산과 바다가 있어서 공기가 맑고 깨끗합니다. 바다에 가면 고래를 볼 수 있고 산에 가면 스키를 탈 수 있습니다. 밴쿠버에서 해마다 1월 1일에 북극곰 수영대회가 열리면 사람들은 차가운 바닷물에서 수영을 합니다.

제가 지금 살고 있는 서울과 제 고향 밴쿠버는 다른 것이 많습니다. 서울은 여름에 덥고 겨울에 추운데 밴쿠버는 여름에 날씨가 아주 좋고 겨울에 비가 많이 옵니다. 그리고 서울에는 밤늦게까지 문을 여는 가게들도 많고 길에 다니는 사람들도 많지만 제 고향에는 저녁에 문을 여는 가게가 많지 않아서 밤이 되면 아주 조용합니다.

저는 제 고향에서 가족들과 함께 많은 시간을 보냈습니다. 그래서 '고향'을 생각하면 사랑하는 가족들이 제일 먼저 생각납니다. 저는 한국에 와서 가족들을 못 본 지 6개월 됐는데 방학이 되면 고향에 돌아가서 가족들을 만나고 고향 음식도 먹고 싶습니다.

어휘			
자연	nature	自然	自然
알래스카	Alaska	アラスカ	阿拉斯加
북극해	Arctic Ocean	北極海	北极海
로키산맥	Rocky Mountains	ロッキー山脈	落基山脉
고래	whale	クジラ	鲸鱼
북극곰	polar bear	北極熊	北极熊
대회	competition	大会	比赛
열리다	to take place	開かれる, 開催される	举行
차갑다	to be cold	冷たい	冷, 凉
시간을 보내다	to spend time	時間を過ごす	过时间
생각나다	(something) to come to mind	思い出す	想起

어휘 연습

1. 빈 칸에 알맞은 어휘를 쓰십시오.

열리다	차갑다	생각나다	시간을 보내다

❶ 저는 아플 때 어머니가 제일 먼저 (　　　　　　)습니다/ㅂ니다.

❷ 운동을 한 후에 (　　　　　　)는/은/ㄴ 물을 마시니까 조금 시원해졌습니다.

❸ 이 공원에서는 누구든지 무료로 볼 수 있는 음악회가 토요일마다 (　　　　　　)습니다/ㅂ니다.

❹ 저는 날마다 집에 늦게 들어오지만 주말에는 집에서 가족들과 함께 (　　　　　　)습니다/ㅂ니다.

2. 다음과 같이 빈 칸에 알맞은 어휘를 쓰십시오.

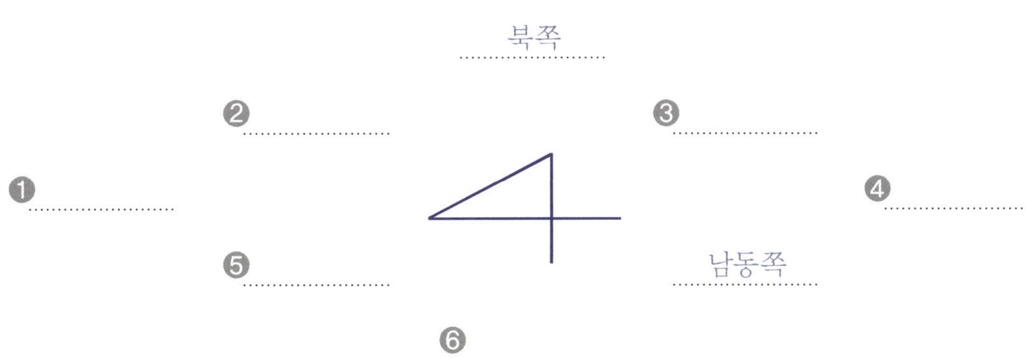

질문

1. 캐나다는 어디에 있습니까?

2. 밴쿠버의 날씨는 어떻습니까?

3. 앞 글의 내용과 같으면 O, 다르면 X 하십시오.

❶ 캐나다는 크고 살기가 좋습니다. ( )

❷ 밴쿠버는 로키산맥의 동쪽에 있습니다. ( )

❸ 새해에는 북극곰들이 수영대회를 합니다. ( )

❹ 이 사람은 고향에서 가족들과 같이 보내는 시간이 많았습니다. ( )

4. 다음 문장이 들어갈 곳을 고르십시오. ( )

> 제 고향도 도시이지만 밴쿠버는 서울 같이 크지 않고 공원이 많습니다. 그래서 밴쿠버에서 사는 것은 도시에서 사는 것 같지 않고 공원에서 사는 것 같습니다.

❶ 첫 번째 단락 ❷ 두 번째 단락

❸ 세 번째 단락 ❹ 네 번째 단락

5. 여러분 고향은 서울과 무엇이 다릅니까?

더 공부해 봅시다

- 다음은 학생들이 자기 나라를 소개한 글입니다. 읽고 질문에 답하십시오.

> 우리나라는 세계에서 제일 큰 나라입니다.
> 겨울에는 날씨가 아주 춥고 발레가 유명합니다.
> 유명한 소설가 톨스토이도 우리나라 사람입니다.
>
> ( )

> 우리나라의 북쪽에는 페루, 동쪽에는 볼리비아와 아르헨티나,
> 서쪽과 남쪽에는 바다가 있습니다.
> 아주 긴 나라이고 수도는 산티아고입니다.
>
> ( )

> 우리나라는 올림픽을 시작한 나라입니다.
> 역사가 아주 길고, 수도는 아테네입니다.
>
> ( )

> 우리나라의 북쪽에는 중국, 서쪽에는 라오스와 캄보디아가 있습니다.
> 날씨가 덥고 한국에서 비행기로 5시간쯤 걸립니다.
> 그리고 쌀국수가 맛있어요.
>
> ( )

1. 이 학생들은 어느 나라에서 왔을까요? 읽고 나라 이름을 써 봅시다.

2. 여러분도 고향을 소개해 보십시오.

읽어 봅시다 [CD: 08]

모음 어울림 1 /ㅏ/ + 았 → 았   /ㅗ/ + 았 → 왔

- 가다 → 갔습니다 — 제 친구는 일본으로 여행을 갔습니다.
- 사다 → 샀습니다 — 백화점에 가서 가방을 샀습니다.
- 만나다 → 만났습니다 — 어제 1급 때 친구를 만났습니다.
- 오다 → 왔습니다 — 저는 캐나다에서 왔습니다.
- 보다 → 봤습니다 — 지난 주말에 영화를 봤습니다.

발레	ballet	バレエ	芭蕾
소설가	novelist	小説家	小说家
수도	capital city	首都	首都
올림픽	Olympic	オリンピック	奥林匹克
쌀국수	Vietnam rice noodle	米粉で作られた麺を使ったうどんに似た麺料理	米线

1-4과 확인해 봅시다

1. 다음을 읽어 봅시다.

❶ 저 넓은 바다 밖은 어떤 곳일까?

❷ 저는 한국에 온 지 두 달 됐습니다.

❸ 어머니는 지난달에 저에게 밥솥을 보내 주셨습니다.

❹ 저는 캐나다에서 왔습니다.

2. 다음 질문에 답하십시오.

1) 두 어휘가 서로 어울리지 않는 것을 고르십시오. (　　)

❶ 꽃 : 피다　　❷ 대회 : 열리다

❸ 반찬 : 즐겁다　　❹ 고향 : 생각나다

2) 여기에서 무엇을 합니까? 알맞은 것을 고르십시오. (　　)

음악감상실

❶ CD를 삽니다.　　❷ 음악을 듣습니다.

❸ 가수가 노래를 합니다.　　❹ 친구들과 노래를 부릅니다.

3) 무엇을 이야기하고 있습니까? 알맞은 것을 고르십시오. (　　)

저는 노래를 잘 부릅니다. 저는 가수가 되고 싶습니다.

❶ 꿈　　❷ 이름　　❸ 시간　　❹ 약속

4) 알맞은 것을 고르십시오. (　　)

저는 세 달 전에 한국에 왔습니다. 한국 생활은 즐겁지만 저는 날마다 부모님이 (　　　　　)습니다/ㅂ니다. 방학이 되면 고향에 가서 부모님을 만나고 싶습니다.

❶ 다양하다　　❷ 생각나다　　❸ 오래되다　　❹ 이용하다

3. 이 글에서 제일 하고 싶은 이야기는 무엇입니까? ( )

우리 하숙집 아주머니는 요리를 잘하십니다. 날마다 다른 음식을 만들어 주십니다. 저는 아주머니가 만드신 김치찌개를 제일 좋아합니다.

❶ 이 사람은 하숙집에 삽니다.
❷ 하숙집 음식은 날마다 다릅니다.
❸ 아주머니는 김치찌개를 좋아합니다.
❹ 하숙집 아주머니가 만든 음식은 맛있습니다.

4. 다음을 읽고 질문에 답하십시오.

저는 지금 여의도에 삽니다. 여의도에는 높은 건물이 많고 공원이 있습니다. 저는 아침마다 지하철을 타고 학교에 가서 한국말을 공부합니다. 서울 지하철은 빠르고 편리하지만 아침에 사람이 많아서 복잡합니다. 사람들은 날마다 바쁜 것 같습니다. 저는 수업이 끝나면 친구들과 자주 여러 곳을 구경합니다. 오늘은 친구들과 인사동에 갔습니다. 일요일이어서 사람이 아주 많았습니다. 여러 가지 예쁜 물건들을 구경하고 부모님께 드릴 선물을 샀습니다. 맛있는 저녁도 먹었습니다. 가끔 고향에 계시는 부모님이 보고 싶지만 저는 서울 생활이 아주 즐겁습니다.

1) 이 글의 내용과 같은 것을 고르십시오. ( )

❶ 이 사람은 학생입니다.
❷ 이 사람은 서울에서 살았습니다.
❸ 사람들은 지하철을 많이 타지 않습니다.
❹ 이 사람은 수업이 끝나면 아르바이트를 하러 갑니다.

2) 이 사람이 하지 않는 것은 무엇입니까? ( )

❶ 자주 서울을 구경합니다.
❷ 즐겁게 생활하고 있습니다.
❸ 학교에 갈 때 지하철을 탑니다.
❹ 한국어 공부를 시작하려고 합니다.

3) 여러분이 사는 곳은 어떤 곳입니까? 여러분이 사는 곳을 소개해 봅시다.

제5과 한국 사람과 떡

- 한국 사람들은 무슨 음식을 제일 좋아하는 것 같습니까?
- 한국에서 무슨 떡을 먹어 봤습니까?

CD: 09

떡은 한국 전통 음식 중의 하나입니다. 한국 사람들은 옛날부터 떡을 먹었습니다.

한국 사람들은 떡을 좋아하기 때문에 특별한 날에는 떡을 나눠 먹습니다. 아기가 태어난 지 100일이 됐을 때와 1년이 됐을 때, 그리고 60번째 생일에 큰 잔치를 합니다. 이렇게 큰 잔치를 할 때마다 떡을 먹습니다. 해마다 설날에는 흰떡으로 만든 떡국을 먹고 추석에는 송편을 만들어서 같이 먹습니다. 결혼식 날에도 떡을 준비하고 이사한 날에도 이웃 사람들과 떡을 나눠 먹습니다. 제사를 지낼 때에도 떡을 준비합니다.

한국에서는 '붉은 떡을 먹으면 나쁜 일이 생기지 않을 거예요.' 하고 생각합니다. 그래서 잔치를 할 때나 이사를 했을 때 붉은 떡을 먹습니다.

떡은 건강에 좋고 맛있어서 아침이나 간식으로 먹는 사람들이 많습니다. 그래서 떡으로 만드는 음식도 여러 가지가 있습니다. 떡으로 떡국, 떡볶이, 떡라면, 떡피자 같은 음식을 만들 수 있습니다.

여러분도 한국에 있을 때 떡을 많이 드셔 보세요.

어휘			
전통	tradition	伝統	传统
옛날	old days	昔	很久以前
특별하다	to be special	特別だ	特别
나누다	to share	配る	分
잔치	feast, party	パーティー, 宴	宴会
떡국	rice-cake soup	雑煮	年糕汤
송편	rice-cake steamed on a layer of pine needles	胡麻·小豆·栗などのあんを入れた半月形, または貝の形をした餅	松糕
이사	moving home, changing residence	引越し	搬家
이웃 사람	neighbor	近所の人	邻居
제사를 지내다	to perform ancestral rites	法事をする	祭祀
붉다	to be red-colored	赤い	红
간식	snack, food eaten between regular meals	間食	零食

어휘 연습

1. 빈 칸에 알맞은 어휘를 쓰십시오.

옛날　　이사　　나누다　　특별하다

❶ 내일은 우리 회사에 (　　　　　)는/은/ㄴ 손님이 오시니까 준비를 잘 합시다.

❷ 저는 케이크를 만들어서 혼자 먹지 않고 친구들과 (　　　　　)어/아/여 먹었어요.

❸ 지금 사는 집이 학교에서 너무 멀어서 학교 근처 원룸으로 (　　　　　)할 거예요.

❹ 어렸을 때 할머니께서 해 주신 여러 가지 재미있는 (　　　　　) 이야기가 지금도 생각납니다.

2. 맞게 연결하십시오.

❶ 간식 •　　　　• ㉠ 식사한 후에 먹는 음식

❷ 후식 •　　　　• ㉡ 음식을 한번 먹어 보는 것

❸ 외식 •　　　　• ㉢ 식사와 식사 사이에 먹는 음식

❹ 시식 •　　　　• ㉣ 집에서 식사하지 않고 밖에서 음식을 사 먹는 것

질문

1. 한국 사람들은 언제 떡을 나눠 먹습니까?

2. 한국 사람들은 왜 잔치를 할 때나 이사를 했을 때 붉은 떡을 먹습니까?

3. 앞 글의 내용과 같으면 O, 다르면 X 하십시오.

❶ 한국 사람들은 옛날부터 떡을 먹었습니다. ( )
❷ 붉은 색 떡을 먹으면 나쁜 일이 생깁니다. ( )
❸ 한국 사람들은 아기의 첫 번째 생일에 잔치를 합니다. ( )
❹ 만들기가 쉬워서 한국 사람들은 아침에 떡을 많이 먹습니다. ( )

4. 언제 다음 음식을 먹습니까? 그림을 보고 쓰십시오.

	언제 먹어요?
	❶
	❷
	❸
	❹

5. 여러분 나라의 간식을 소개해 보십시오.

더 공부해 봅시다

○ 다음은 한국의 옛날이야기입니다. 읽고 질문에 답하십시오.

❶ 옛날 옛날에 할머니가 떡을 팔고 집에 가는데 호랑이가 나타났습니다.

❷

할머니는 무서워서 호랑이에게 떡을 하나 줬습니다.

❸

할머니는 호랑이에게 또 떡을 줬습니다.

❹

❺

이 이야기 다음에 어떤 일이 있었을까요? 뒤의 이야기를 만들어 봅시다.

읽어 봅시다 [CD: 10]

모음 어울림 2 /ㅓ/ + 었 → 었 /ㅜ/ + 었 → 웠
/ㅡ/ + 었 → 었 /ㅣ/ + 었 → 였

- 먹다 → 먹었습니다 　한국 사람들은 옛날부터 떡을 먹었습니다.
- 외우다 → 외웠습니다 　어제 배운 단어를 모두 다 외웠습니다.
- 크다 → 컸습니다 　그 농구 선수는 키가 아주 컸습니다.
- 만들다 → 만들었습니다 　떡으로 떡국, 떡볶이를 만들었습니다.
- 다니다 → 다녔습니다 　저는 연세대학교 한국어학당에 다녔습니다.

팔다	to sell	売る	卖
호랑이	tiger	トラ	老虎
나타나다	to appear	現れる	出现
잡아먹다	to slaughter and eat	捕まえて食べる	吃掉
살리다	to save	殺さない	饶命

제6과 특별한 날에 먹는 음식

- 여러분 나라에서 특별한 날에 먹는 음식은 무엇입니까?
- 왜 그 음식을 먹습니까?

CD: 11

오늘은 제 생일이기 때문에 친구들을 만났습니다. 저는 친구들과 같이 케이크를 먹으려고 했는데 친구들은 이렇게 말했습니다.

"제임스 씨, 오늘 미역국을 먹었어요?"

"오늘은 제임스 씨 생일이니까 미역국을 먹으러 가요. 한국에서는 생일에 미역국을 먹는 풍습이 있어요."

그래서 우리는 한식집으로 갔습니다. 맛있게 미역국을 먹고 있는데 친구들은 모두 수진 씨에게 이렇게 물었습니다.

"수진 씨, 언제 국수를 먹여 줄 거예요?"

사람들은 계속 그 질문을 했지만 수진 씨는 대답을 하지 않고 얼굴만 빨개졌습니다. 그래서 저는 "수진 씨, 왜 그래요? 국수를 싫어해요?" 하고 물었습니다. 친구들은 제 말을 듣고 모두 웃었습니다. 그때 다른 친구가 저에게 설명을 해 주었습니다.

"제임스 씨, 한국에서는 결혼식 날 손님들에게 국수를 대접해요."

저는 수진 씨에게 다시 물어봤습니다.

"수진 씨, 그럼 우리 언제 국수를 먹을 수 있어요?"

"제임스 씨, 저 다음 달에 결혼해요."

수진 씨는 부끄러워했습니다.

결혼식에서 먹는 국수는 특별한 맛일 것 같습니다. 저는 수진 씨의 결혼식에 가서 친구들과 같이 국수를 먹고 싶습니다.

어휘			
풍습	custom	風習, 習慣	风俗
국수	noodle	韓国風うどん	面条
먹이다	to let someone eat	食べさせる	给……吃
계속	continuously	ずっと	继续
설명하다	to explain	説明する	说明, 解释
대접하다	to treat	もてなす	招待
부끄러워하다	to be shy	恥ずかしがる	害羞

어휘 연습

1. 빈 칸에 알맞은 어휘를 쓰십시오.

먹이다　　대접하다　　설명하다　　부끄러워하다

❶ 어머니는 아기에게 (　　　　　　)으려고/려고 우유를 샀습니다.

❷ 오늘 저녁에 오시는 손님에게 (　　　　　　)을/ㄹ 음식을 만들고 있어요.

❸ 좋아하는 사람이 있으면 너무 (　　　　　　)지 말고 하고 싶은 말을 하세요.

❹ 어려운 문법이지만 선생님이 잘 (　　　　　　)어/아/여 주셔서 이해했습니다.

2. 다음 어휘에 맞는 그림을 연결하십시오.

❶　❷　❸　❹　❺　❻

㉠ 국　　㉡ 찌개　　㉢ 탕

YONSEI KOREAN READING 2

질문

1. 오늘 무슨 음식 이야기를 했습니까?

2. 앞 글에서 "언제 결혼할 거예요?"와 같은 문장을 찾아서 쓰십시오.

3. 다음 중 맞는 것을 고르십시오. (　　)

❶ 수진 씨는 국수를 싫어합니다.

❷ 우리는 케이크를 맛있게 먹었습니다.

❸ 제임스 씨와 수진 씨는 다음 달에 결혼합니다.

❹ 제임스 씨는 오늘 친구들과 같이 미역국을 먹었습니다.

4. 다음 (　　)에 맞는 말을 쓰십시오.

한국 사람들은 생일에 (　　　　)을/를 먹습니다. 한국에서는 아기가 태어나면 아기의 어머니는 건강에 좋은 (　　　　)을/를 먹습니다. 그래서 사람들은 생일에 (　　　　)을/를 먹고 어머니를 생각합니다.

한국 사람들은 결혼식에서 (　　　　)을/를 먹습니다. 신랑과 신부는 오래오래 잘 살고 싶어서 긴 (　　　　)을/를 먹습니다. 그리고 여러 사람들에게 (　　　　)을/를 대접합니다.

5. 여러분 나라에서 생일이나 결혼식에 무엇을 먹습니까? 왜 그 음식을 먹습니까?

더 공부해 봅시다

○ 다음은 멕시코 학생이 쓴 글입니다. 읽고 질문에 답하십시오.

멕시코에서는 새해 첫날에 포도 열두 알을 먹습니다. 포도 열두 알을 먹을 때 새해의 열두 달 동안 하고 싶은 것을 말합니다. 저는 올해 하고 싶은 것이 아주 많아서 크고 예쁜 포도알을 먹었습니다.

- 첫눈 오는 날에 남자 친구와 데이트하고 싶어요.
- 밸런타인데이에 선물을 많이 받게 해 주세요.
- 아르바이트를 구하고 싶어요.
- 장학금을 받게 해 주세요.
- 자전거로 한국 여행을 하고 싶어요.
- 한국 친구를 사귀게 해 주세요.

1. 여러분이 하고 싶은 것을 써 봅시다.

2. 여러분 나라에서 새해에 먹는 음식이 있습니까?

읽어 봅시다 [CD: 12]

모음 어울림 3 /하/ + 였 → 했

• 말하다	→ 말했습니다	한국 친구와 한국말로 말했습니다.
• 설명하다	→ 설명했습니다	제가 모르는 것을 친구가 설명했습니다.
• 대접하다	→ 대접했습니다	결혼식 날 손님들에게 국수를 대접했습니다.
• 부끄러워하다	→ 부끄러워했습니다	친구가 한국말을 잘 못해서 부끄러워했습니다.
• 특별하다	→ 특별했습니다	결혼식에서 먹은 음식은 특별했습니다.

새해	new year	新年	新年
포도알	balls of grapes	ぶどうの粒	葡萄粒
장학금	scholarship	奨学金（返還義務なし）	奖学金

제7과 궁중떡볶이

- 음식을 만드는 것을 좋아합니까?
- 한국 음식 중에서 만들어 보고 싶은 음식이 있습니까?

CD: 13

궁중떡볶이를 아십니까? 궁중떡볶이는 옛날에 궁중에서 먹기 시작했습니다.

궁중떡볶이는 요즘의 매운 떡볶이와 다르게 떡에 고기와 채소를 많이 넣고 간장으로 만든 음식입니다.

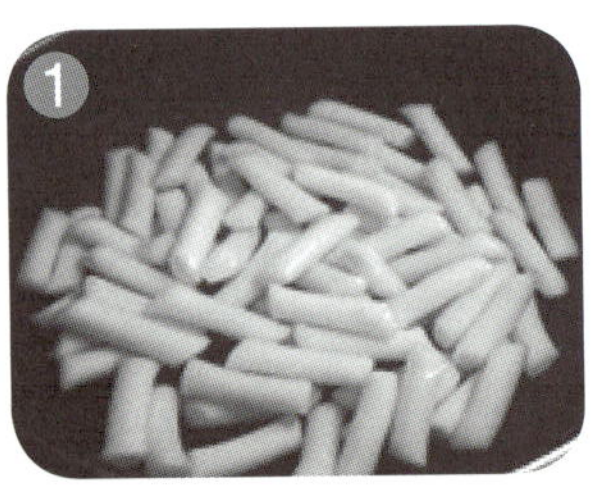

1. 물에 소금을 조금 넣고 끓이세요. 물이 끓으면 떡볶이 떡을 넣고 데칩니다. 데친 떡을 찬물로 씻은 후에 물을 빼고 참기름을 바릅니다.
2. 소고기와 표고버섯은 가늘게 썹니다. 여기에 간장(1), 설탕(0.5), 참기름, 후춧가루를 넣습니다.
3. 당근, 피망, 양파, 파, 붉은 고추도 가늘게 썹니다.
4. 간장(3)에 설탕(1.5), 다진 마늘(0.5), 다진 파, 참기름, 깨, 후춧가루를 넣어서 양념장을 만듭니다.
5. 큰 프라이팬에 식용유를 조금 넣고 파와 양파부터 볶습니다. 그리고 소고기와 표고버섯, 떡을 넣고 볶습니다. 그 다음에 당근, 피망, 붉은 고추를 순서대로 넣고 볶습니다.
6. 볶은 재료에 양념장을 넣고 모든 재료가 다 익을 때까지 더 볶습니다.
7. 불을 끄고 참기름, 깨, 후춧가루를 뿌립니다.

재료

떡볶이 떡

소고기 50g

표고버섯 2개

당근 50g

피망 1/2개

양파 1/4개

붉은 고추 1개

양념 재료 간장 4숟가락, 설탕 2숟가락, 다진 파 2숟가락, 다진 마늘 1숟가락, 식용유, 참기름, 깨, 후춧가루

어휘			
궁중	royal	宮中	宫廷
끓다	to boil, simmer	沸騰する	(水)开, 沸腾
데치다	to parboil	ゆでる	焯
빼다	to take out, to drain	(水分を) 切る, (水分を)とる	抽出
바르다	to apply	塗る	涂上
가늘다	to be thin	細い	细
양념장	sauce	醤油に薬味や調味料を入れた物	放各种作料的酱油
순서대로	in order	順番どおり	按照顺序
재료	ingredient	材料	食材
익다	to be cooked	火が通る	熟
양념	seasoning	ネギやにんにくなどの薬味や醤油, 砂糖, 塩, ごま油等の調味料の総称	作料

표고버섯	pyogo (mushroom)	しいたけ	香菇
설탕	sugar	砂糖	糖
참기름	sesame oil	ごま油	香油
후춧가루	black pepper powder	コショウ	胡椒粉
당근	carrot	にんじん	胡萝卜
피망	pimiento	ピーマン	青椒
양파	onion	玉ねぎ	洋葱
파	long green onion	ネギ	葱
붉은 고추	red pepper	赤唐辛子	红辣椒
마늘	garlic	にんにく	蒜
깨	sesame seed	ごま	芝麻
식용유	cooking oil	食用油	食用油

어휘 연습

1. 빈 칸에 알맞은 어휘를 쓰십시오.

끓다 빼다 익다 바르다

❶ 고기가 다 (　　　　　)으면/면 드세요.

❷ 물은 100℃에서 (　　　　　)습니다/ㅂ니다.

❸ 저는 샤워를 한 후에 로션을 (　　　　　)습니다/ㅂ니다.

❹ 요즘 뚱뚱해져서 살을 (　　　　　)으려고/려고 아침마다 운동을 하고 있어요.

2. 다음과 같이 빈 칸에 알맞은 어휘를 쓰십시오.

❶ 달다 : 설탕 , 꿀 , 케이크

❷ 짜다 : .... , ... , ...

❸ 맵다 : .... , ... , ...

❹ 시다 : .... , ... , ...

질문

1. 왜 이 음식의 이름이 궁중떡볶이입니까?

2. 궁중떡볶이와 요즘 떡볶이는 무엇이 다릅니까?

3. 앞 글의 내용과 같으면 O, 다르면 X 하십시오.

❶ 떡은 데친 후에 볶습니다. ( )

❷ 떡과 채소를 처음부터 같이 넣고 볶습니다. ( )

❸ 양념장에 소고기와 채소를 넣고 볶습니다. ( )

❹ 소고기와 표고버섯은 간을 한 후에 볶습니다. ( )

4. 다음의 재료를 어떻게 요리합니까? 다음과 같이 순서대로 쓰십시오.

❶ 양파 : 썰다 ➡ 볶다

❷ 소고기 :

❸ 떡 :

❹ 참기름 :

5. 여러분이 만들 수 있는 요리를 소개하십시오.

더 공부해 봅시다

○ 다음은 인터넷에서 떡볶이 만드는 방법을 소개한 글입니다. 읽고 질문에 답하십시오.

학교 앞 분식집에서 제일 인기 있는 메뉴는 바로 김밥과 떡볶이입니다.

떡볶이를 만들어 봅시다.

① 어묵 국물(1컵)과 물(1컵)에 고추장(2숟가락)과 설탕(1숟가락)을 넣고 끓입니다.

② 물이 끓으면 떡부터 넣고 끓입니다.

③ 떡이 익으면 어묵을 넣고 더 끓입니다.

④ 마지막으로 다진 마늘과 파를 넣으면 됩니다.

1. 떡볶이를 만들 때 무슨 재료가 필요합니까?

2. 언제 물에 떡을 넣습니까?

읽어 봅시다 [CD: 14]

모음 어울림 4 /ㅐ/ + 었　/ㅔ/ + 었
/ㅚ/ + 었　/ㅟ/ + 었

- 빼다 ➡ 빼었습니다 / 뺐습니다　데친 떡을 찬물로 씻은 후에 물을 뺐습니다.
- 세다 ➡ 세었습니다 / 셌습니다　그 아이는 힘이 아주 셌습니다.
- 되다 ➡ 되었습니다 / 됐습니다　즐거운 요리시간이 됐습니다.
- 쉬다 ➡ 쉬었습니다　일요일에는 집에서 쉬었습니다.
- 뛰다 ➡ 뛰었습니다　수업시간에 늦어서 빨리 뛰었습니다.

분식집	snack-bar shop	トッポッギやラーメンなどの軽食を食べられる食堂	粉食店
메뉴	menu	メニュー	菜单
어묵	fish cake	揚げ天（魚のすり身と調味料を混ぜて揚げたもの）	鱼糕
숟가락	spoon	スプーン，匙	勺子
마지막	last	最後	最后

제8과 음식과 문화

- 한국에 와서 처음 먹어 본 음식이 무엇입니까?
- 여러분 나라와 한국의 음식을 먹는 방법은 어떻게 다릅니까?

CD: 15

사람들은 모두 음식을 생각하면 즐거워질 것입니다.

'무엇을, 어떻게 먹을까?'

아주 오랜 옛날부터 사람들은 이런 생각을 했습니다. 그리고 음식과 음식을 먹는 방법은 나라마다 아주 다양합니다.

한국 음식은 국물이 많기 때문에 숟가락과 젓가락을 사용하고 밥을 먹을 때도 그릇을 상 위에 놓고 숟가락으로 먹습니다. 일본 사람들은 밥을 젓가락으로 먹기 때문에 밥그릇을 들고 먹어야 합니다. 중국에는 튀긴 음식과 볶은 음식이 많아서 기름이 많고 뜨겁기 때문에 중국 젓가락은 한국 젓가락보다 더 깁니다.

노르웨이는 겨울이 긴 나라입니다. 그래서 사람들은 고기나 생선에 소금을 뿌려서 말린 후에 추운 겨울에도 오랫동안 먹을 수 있는 음식을 만들었습니다. 인도네시아는 날씨가 더워서 음식이 쉽게 상할 수 있기 때문에 볶은 음식이 많습니다.

이렇게 나라마다 다른 식사 방법과 다양한 음식은 그 나라의 문화를 잘 보여 줍니다. 다른 나라의 문화를 잘 알고 싶으면 그 나라의 음식을 드셔 보세요.

어휘			
국물	broth	汁物, スープ	汤
젓가락	chopstick	箸	筷子
사용하다	to use	使う	使用
뜨겁다	to be hot	熱い	烫
말리다	to dry	干す	晾干
상하다	to be spoiled	腐る, 傷む	变质

어휘 연습

1. 빈 칸에 알맞은 어휘를 쓰십시오.

젓가락　　말리다　　상하다　　사용하다

❶ 김밥은 (　　　　　)기 쉬운 음식이니까 빨리 드세요.

❷ 버스를 탈 때 교통카드를 (　　　　　)으면/면 편리합니다.

❸ 샤워한 후에 드라이어로 머리를 (　　　　　)습니다/ㅂ니다.

❹ 저는 포크보다 (　　　　　)으로/로 먹는 것이 더 어렵습니다.

2. 빈 칸에 알맞은 어휘를 쓰십시오.

덥다　　따뜻하다　　뜨겁다　　시원하다　　차다　　춥다

한국 사람은 아주 (　　　　　)은/는/ㄴ 여름에 (　　　　　)은/는/ㄴ 삼계탕을 먹습니다. 날씨가 (　　　　　)을/ㄹ 때 아이스크림 같은 (　　　　　)은/는/ㄴ 음식을 너무 많이 먹으면 건강에 좋지 않습니다. 날씨가 (　　　　　)은/는/ㄴ 겨울에는 (　　　　　)은/는/ㄴ 방에서 냉면과 같이 (　　　　　)은/는/ㄴ 음식을 먹는 것을 좋아합니다.

질문

1. 한국과 중국의 젓가락은 어떻게 다릅니까? 왜 그렇습니까?

2. 여러 나라의 문화를 잘 알고 싶으면 무엇을 하는 것이 좋습니까?

3. 앞 글의 내용과 같으면 O, 다르면 X 하십시오.

❶ 볶은 음식은 쉽게 상하지 않습니다. ( )

❷ 일본 사람들은 밥그릇을 들고 먹습니다. ( )

❸ 노르웨이는 겨울이 짧아서 음식에 소금을 많이 넣습니다. ( )

❹ 한국 음식은 국물이 많기 때문에 그릇을 상 위에 놓고 숟가락으로 먹습니다. ( )

4. 앞 글을 읽고 표를 완성하십시오.

	나라	음식 문화	이유
1	한국	❶	국물이 많습니다.
2	일본	❷	❸
3	중국	❹	❺
4	노르웨이	❻	❼
5	인도네시아	볶은 음식이 많습니다.	❽

5. 여러분 나라에서는 어떤 방법으로 음식을 많이 만듭니까? 그 이유는 무엇입니까?

더 공부해 봅시다

o 다음은 맛있는 식당을 소개하는 책입니다. 여러분은 어느 식당에 가고 싶습니까? 읽고 이야기해 봅시다.

사요나라 – 회/일식
맛 : ★★★★ 음식값 : ★★★

위치 : 강남구 신사동 전화번호 : ☎02)2123-8552

일본은 섬이기 때문에 생선을 많이 먹습니다. 그 중에서 회는 일본의 유명한 음식입니다. 일식집 '사요나라' 에는 다른 식당에서는 맛볼 수 없는 여러 가지 회가 있습니다.

프렌치가든 – 와인/프랑스식
맛 : ★★★★★ 음식값 : ★★

위치 : 용산구 이태원동 전화번호 : ☎02)2123-3464

프랑스 사람들은 고기를 많이 먹습니다. 그래서 프랑스 사람들은 식사할 때마다 술을 마십니다. 특히 포도로 만든 술은 프랑스 것이 제일입니다. 프랑스 최고의 술을 마시고 싶은 분들에게 이 식당을 소개합니다.

칭기즈칸 – 고기/몽골식
맛 : ★★★★ 음식값 : ★★★★

위치 : 동대문구 회기동 전화번호 : ☎02)2123-8496

몽골에는 물이 많지 않습니다. 그래서 사람들은 먹을 것을 찾아서 낙타, 양 등 동물들과 여기저기 다녀야 했습니다. 몽골에는 채소로 만든 음식은 많지 않지만 고기로 만든 음식은 아주 다양합니다. 몽골의 맛있는 고기 음식을 먹어 보지 못한 분은 '칭기즈칸' 에 가 보세요!

읽어 봅시다 [CD: 16]

소리 이음 1

- 무엇을[무어슬], 먹을까[머글까] 무엇을, 어떻게 먹을까?
- 음식을[음시글], 방법은[방버븐] 음식을 먹는 방법은 나라마다 아주 다양합니다.
- 일본 사람들은[일본 사람드른], 젓가락으로[전까라그로] 일본 사람들은 밥을 젓가락으로 먹습니다.
- 생선에[생서네], 소금을[소그믈] 생선에 소금을 넣고 말려서 먹습니다.
- 겨울에도[겨우레도], 먹을[머글] 겨울에도 오랫동안 먹을 수 있는 음식을 만들었습니다.

낙타	camel	ラクダ	骆驼
양	sheep	羊	羊
동물	animal	動物	动物

5-8과 확인해 봅시다

1. 다음을 읽어 봅시다.

❶ 한국 사람들은 옛날부터 떡을 먹었습니다.

❷ 결혼식 날 손님들에게 국수를 대접했습니다.

❸ 데친 떡을 찬물로 씻은 후에 물을 뺐습니다.

❹ 음식을 먹는 방법은 나라마다 아주 다양합니다.

2. 다음 질문에 답하십시오.

1) 음식과 같이 쓸 수 없는 어휘를 고르십시오. (　　)

❶ 볶다　❷ 익다　❸ 뜨겁다　❹ 친하다

2) 무엇을 이야기하고 있습니까? 알맞은 것을 고르십시오. (　　)

> 한국에서는 숟가락과 젓가락을 모두 사용합니다.

❶ 요리법　❷ 식사 방법　❸ 음식 이름　❹ 음식의 재료

3) 알맞은 어휘를 고르십시오. (　　)

> 요즘 같이 날씨가 더울 때는 음식이 (　　)기 쉬워요. 냉장고에 빨리 넣으세요.

❶ 끓다　❷ 빼다　❸ 상하다　❹ 특별하다

4) 다음을 읽고 맞지 않는 것을 고르십시오. (　　)

> 여름 휴가를 갑니다.
> 8월 3일(수) ~ 8월 5일(금)
> 8월 6일부터 다시 문을 엽니다.
> – 연세 식당 –

❶ 이 식당은 3일 동안 쉽니다.

❷ 이 식당은 주말마다 쉽니다.

❸ 토요일에 이 식당에서 음식을 먹을 수 있습니다.

❹ 이 식당의 여름 휴가는 수요일부터 금요일까지입니다.

3. 다음의 내용과 같은 것을 고르십시오. (　　)

> 잡채를 아세요? 잡채는 여러 가지 채소와 고기와 버섯으로 만드는 음식이에요. 옛날에 어떤 사람이 잡채를 맛있게 만들어서 왕에게 드렸어요. 이 음식이 아주 맛있어서 왕이 자주 먹었어요. 왕은 기분이 좋아서 이 사람에게 높은 자리를 줬어요.

❶ 잡채는 생선과 여러 가지 채소로 만듭니다.

❷ 사람들이 잡채를 먹기 시작한 지 얼마 안 됐습니다.

❸ 잡채는 높은 자리에 있는 사람만 먹을 수 있는 음식입니다.

❹ 왕에게 잡채를 드린 사람은 잡채 때문에 높은 자리에 올라갔습니다.

4. 다음을 읽고 질문에 답하십시오.

> 저는 음식을 잘 만들지 못합니다. 그렇지만 맛있는 음식을 먹는 것을 아주 좋아합니다. (㉠) 저는 맛있는 음식을 먹는 시간이 제일 즐겁습니다. 그래서 사람들에게 유명한 식당 이야기를 들으면 꼭 그 식당에 가 봅니다. (㉡) 그런데 가끔 너무 많이 먹어서 배가 아픕니다. 어제도 저는 친구와 함께 냉면이 유명한 식당에 가서 점심을 먹었습니다. (㉢) 그래서 저녁부터 배가 너무 아파서 오늘 학교에 가지 못했습니다. 이제는 음식을 좀 적게 먹으려고 합니다. (㉣)

1) 이 글에서 제일 하고 싶은 이야기는 무엇입니까? (　　)

❶ 나는 어제 결석했습니다.

❷ 나는 날마다 냉면을 먹습니다.

❸ 나는 음식을 맛있게 만들 수 있습니다.

❹ 나는 이제 음식을 많이 먹지 않겠습니다.

2) 다음 문장이 들어갈 곳을 고르십시오. (　　)

> 저는 냉면이 아주 맛있어서 세 그릇 먹었습니다.

❶ ㉠　　❷ ㉡　　❸ ㉢　　❹ ㉣

3) 여러분이 가 본 식당 중에서 맛있는 식당을 소개해 봅시다.

제9과 시장과 백화점

- 한국의 시장이 어떻습니까?
- 시장과 백화점 중에서 어디에 더 자주 갑니까?

CD: 17

저는 백화점보다 시장을 더 좋아합니다. 시장에는 여러 가지 물건도 많고 여기저기 돌아다니면 좋은 물건을 싸게 살 수 있기 때문입니다.

백화점은 보통 오전 10시 반에 문을 여는데 시장은 저녁에 문을 여는 곳도 있습니다. 시장은 백화점과 다르게 카드를 쓸 수 없는 곳도 있지만 현금을 내면 물건 값을 깎아 주는 곳도 있습니다. 물건을 산 후에 물건이 마음에 안 들어서 바꾸려면 영수증이 필요합니다.

지난 주말에 저는 친구와 같이 옷을 사러 동대문시장에 갔습니다. 남대문시장에는 가 본 적이 있지만 동대문시장은 처음이었습니다. 밤에 가면 재미있는 공연도 보고 더 싸게 살 수 있을 것 같아서 밤에 갔습니다. 사람들이 쇼핑몰 앞에서 노래도 하고 춤도 추고 있었는데 아주 재미있었습니다. 동대문시장에는 디자이너가 옷을 만들어서 파는 가게들이 많아서 값도 싸고 다양한 모양의 예쁜 옷들이 많았습니다. 배우나 가수의 얼굴 사진이 있는 티셔츠를 파는 가게도 있었습니다.

저는 노란 모자와 제가 좋아하는 가수의 얼굴 사진이 있는 티셔츠를 샀고 친구는 하얀 블라우스와 까만색 긴 바지를 샀습니다.

"좀 깎아 주세요."

"한국말도 잘 하고 많이 샀으니까 싸게 드릴게요."

우리는 예쁜 옷을 싸게 사서 기분이 좋았습니다.

어휘			
돌아다니다	to wander about, to go around	歩きまわる	逛
현금	cash	現金	现金
영수증	receipt	領収証	收据
쇼핑몰	shopping mall	ショッピングモール	购物中心
디자이너	designer	デザイナー	设计师
모양	shape	デザイン, 模様	样式
블라우스	blouse	ブラウス	女士衬衣

어휘 연습

1. 빈 칸에 알맞은 어휘를 쓰십시오.

모양　　현금　　영수증　　돌아다니다

❶ (　　　　　)이/가 없으면 물건을 바꿀 수 없습니다.

❷ 해외 여행할 때 (　　　　　)을/를 너무 많이 가지고 다니지 마세요.

❸ 저는 많은 곳을 구경하고 싶어서 주말에 여기저기 (　　　　　)습니다/ㅂ니다.

❹ 학교 근처 액세서리 가게에는 여러 가지 다양한 (　　　　　)의 예쁜 귀고리들이 많습니다.

2. 빈 칸에 알맞은 어휘를 쓰십시오.

질문

1. 이 사람은 백화점과 시장 중에서 어디를 더 좋아합니까? 왜 그렇습니까?

2. 이 사람과 친구는 동대문시장에서 무엇을 샀습니까?

3. 앞 글의 내용과 같으면 O, 다르면 X 하십시오.

❶ 물건을 사려면 영수증이 필요합니다. ( )

❷ 이 사람은 전에 동대문시장에 간 적이 없습니다. ( )

❸ 이 사람과 친구는 오전에 동대문시장에 갔습니다. ( )

❹ 이 사람은 동대문시장에서 사람들이 춤추는 것을 봤습니다. ( )

4. 시장이면 '시', 백화점이면 '백'을 쓰십시오.

❶ 물건 값을 깎을 수 있습니다. ( )

❷ 저녁에 문을 여는 곳도 있습니다. ( )

❸ 모든 매장에서 카드를 쓸 수 있습니다. ( )

❹ 밤에 가면 재미있는 구경을 많이 할 수 있습니다. ( )

5. 여러분 나라에서 사람들이 많이 가는 시장은 어떤 시장입니까?

더 공부해 봅시다

○ 다음은 백화점 전단지입니다. 읽고 질문에 답하십시오.

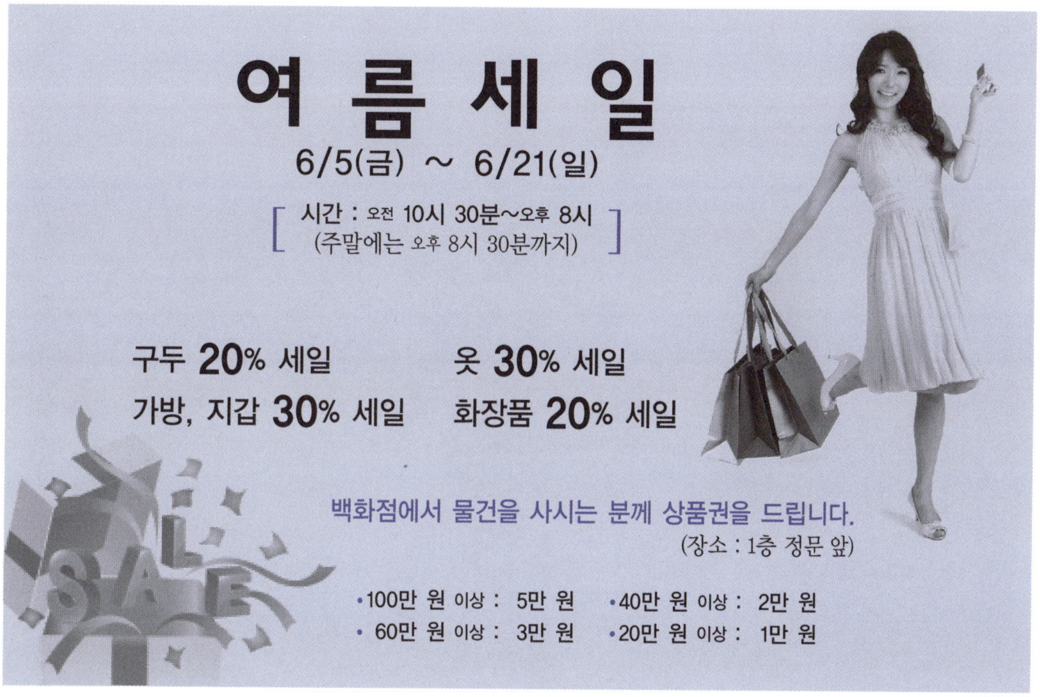

1. 어디에서 싸게 팝니까?

2. 6월 1일에 50만 원에 산 옷을 6월 7일에 가면 얼마에 살 수 있습니까? 그리고 이때 받을 수 있는 상품권은 얼마입니까?

읽어 봅시다 [CD: 18]

소리 이음 2

• 값을[갑쓸], 깎아[까까]	물건 값을 깎아 주는 곳도 있습니다.
• 있었는데[이썬는데], 있었습니다[이썯씀니다]	사람들이 노래를 하고 있었는데 아주 재미있었습니다.
• 짧은[짤븐]	요즘은 짧은 치마가 유행입니다.
• 읽으십시오[일그십씨오]	41쪽을 읽으십시오.
• 앉았습니다[안잗씀니다]	학생들이 모두 자리에 앉았습니다.

이상	over	以上	以上

제10과 수산 시장

- 한국에서 어느 시장에 가 봤습니까?
- 거기에서 무엇을 많이 팝니까?

CD: 19

제 한국 친구 중에는 생선을 아주 좋아하는 친구가 있습니다. 그 친구는 저도 생선을 좋아하는 것을 알고 수산 시장을 소개해 줬습니다. 시장에는 여러 가지 해산물이 참 많았습니다. 새우, 낙지, 오징어 등 모두 다 싱싱하고 맛있을 것 같았습니다. 저는 살아서 움직이는 낙지를 들고 사진도 찍었습니다.

우리는 친구가 자주 가는 단골 가게에 가서 큰 생선 한 마리와 새우를 샀습니다. 가게 주인아저씨는 서비스로 새우 두 마리를 더 주셨습니다. 우리는 가게 앞에 있는 식당으로 갔습니다. 식당에서는 우리가 사 간 생선으로 회와 매운탕을 만들어 줬습니다. 친구 두 명과 함께 모두 셋이 먹었는데 아주 넉넉했습니다. 한국에 와서 이렇게 싱싱하고 맛있는 회는 처음 먹어 봤습니다. 매운탕은 좀 맵지만 여러 가지 채소도 있고 맛있었습니다.

저는 한국에 여러 종류의 시장이 있는 것을 알고 있었습니다. 친구들과 동대문시장에도 가 보고 용산에 있는 전자상가에도 가 봤습니다. 그렇게 큰 수산 시장에는 처음 가 봤는데 오늘 여러 가지 재미있는 구경도 하고 맛있는 생선도 먹어서 정말 기분이 좋았습니다. 다음에는 또 다른 시장에 가서 구경하고 싶습니다.

어휘			
수산 시장	fish market	水産市場	水产市场
해산물	seafood	海産物	海产品
새우	shrimp	エビ	虾
낙지	small octopus	小さいタコ	章鱼
오징어	squid	イカ	鱿鱼
싱싱하다	to be fresh	新鮮だ	新鲜
움직이다	to move	動く	活动
단골 가게	store that you always visit	馴染みの店, 行き着けの店	常去的店
서비스	service, free of charge	サービス	附赠, 赠品
매운탕	hot seafood soup (meh-woon-tang)	魚, 肉, 野菜, 豆腐などの具が入った韓国の辛いスープ	辣汤
넉넉하다	to be enough, plenty	余裕がある	足够
종류	kind	種類	种类
전자상가	electronic shop	電気街	电子商城

어휘 연습

1. 빈 칸에 알맞은 어휘를 쓰십시오.

종류　　서비스　　단골 가게　　넉넉하다

❶ 오늘은 시간이 (　　　　　)으니까/니까 천천히 하십시오.

❷ 피자 두 판을 주문하면 콜라는 (　　　　　)으로/로 드립니다.

❸ 그 가게는 물건 값도 싸고 아주머니도 친절해서 제가 자주 가는 (　　　　　)이/가 됐어요.

❹ 새로 문을 연 아이스크림 가게에는 다양한 (　　　　　)의 아이스크림이 많아서 아이들이 좋아해요.

2. 다음 어휘가 들어갈 수 있는 문장을 찾아서 연결하십시오.

❶ 더 •　　　　• ㉠ 숙제가 (　　　) 끝나서 아직 잘 수 없어요.

❷ 덜 •　　　　• ㉡ 미안하지만 조금만 (　　　) 기다려 주세요.

❸ 또 •　　　　• ㉢ 잘 못 들었는데 (　　　) 한 번 천천히 말씀해 주세요.

❹ 다시 •　　　　• ㉣ 제주도가 좋아서 이번 가을에 (　　　) 가려고 해요.

질문

1. 이 사람은 수산 시장에서 무엇을 샀습니까?

2. 이 사람은 수산 시장에서 무엇을 했습니까?

3. 앞 글의 내용과 같으면 O, 다르면 X 하십시오.

❶ 이 사람은 생선을 좋아합니다. (　　)

❷ 이 사람은 수산 시장에 혼자 갔습니다. (　　)

❸ 이 사람은 시장에서 새우와 낙지, 오징어를 먹었습니다. (　　)

❹ 이 사람은 한국에서 시장에 가 본 적이 있습니다. (　　)

4. 시장에서 단골 가게 아저씨와 한 대화를 만들어 보십시오.

아저씨 : 어서 오세요. 오랜만에 오셨군요. 뭘 드릴까요?
친　구 : 안녕하셨어요? 아저씨, 친구들과 같이 왔으니까 잘 해 주세요.
아저씨 : 그럼요. 우리 가게 단골 손님인데 잘 해 드릴게요.
친　구 : 오늘 제일 싱싱한 게 뭐예요?
아저씨 : ....
친　구 : ....
아저씨 : ....
친　구 : ....
아저씨 : ....
친　구 : ....

5. 여러분 나라의 다양한 종류의 시장을 소개해 보십시오.

더 공부해 봅시다

○ 다음은 세일을 알리는 전단지입니다. 읽고 질문에 답하십시오.

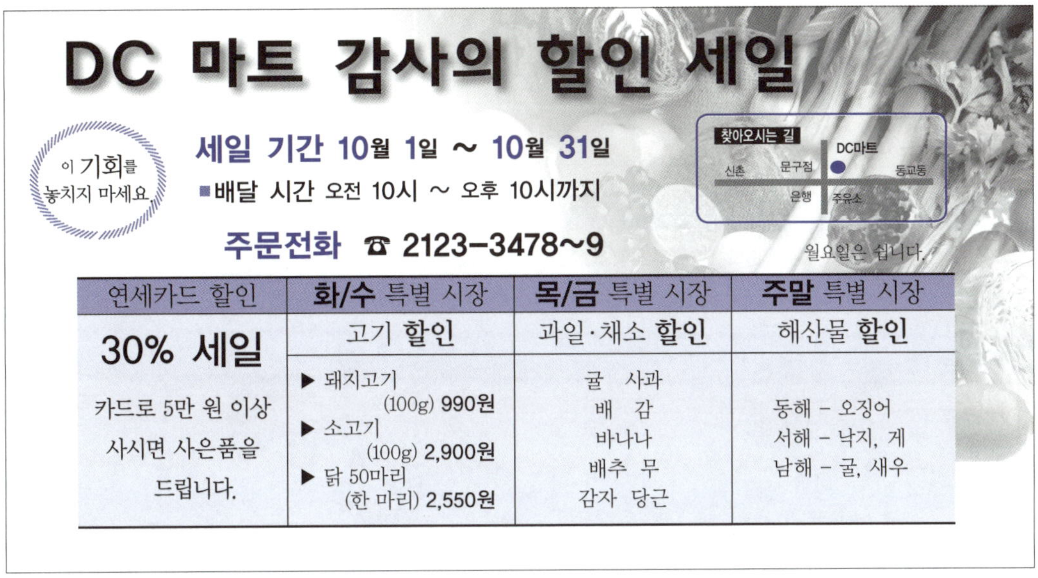

DC 마트 감사의 할인 세일

이 기회를 놓치지 마세요.

세일 기간 10월 1일 ~ 10월 31일

■배달 시간 오전 10시 ~ 오후 10시까지

주문전화 ☎ 2123-3478~9

월요일은 쉽니다.

연세카드 할인	**화/수** 특별 시장	**목/금** 특별 시장	**주말** 특별 시장
30% 세일	고기 **할인**	과일·채소 **할인**	해산물 **할인**
카드로 5만 원 이상 사시면 사은품을 드립니다.	▶ 돼지고기 (100g) 990원 ▶ 소고기 (100g) 2,900원 ▶ 닭 50마리 (한 마리) 2,550원	귤 사과 배 감 바나나 배추 무 감자 당근	동해 - 오징어 서해 - 낙지, 게 남해 - 굴, 새우

1. 이 가게는 언제 세일을 합니까?

2. 누구에게 사은품을 줍니까?

3. 해산물은 언제 제일 싸게 살 수 있습니까?

읽어 봅시다 [CD: 20]

소리 이음 3

• 많았습니다[마낟씀니다]	시장에는 여러 가지 해산물이 많았습니다.
• 많아서[마나서], 않을[아늘]	오늘 일이 많아서 친구를 만나지 않을 거예요.
• 괜찮아요[괜차나요]	창문을 열어도 괜찮아요?
• 싫어요[시러요]	피곤해서 운동을 하기 싫어요.
• 잃어버린[이러버린]	사전을 잃어버린 학생이 누구예요?

할인	discount	割引	打折
기간	period	期間	期间
기회를 놓치다	to miss a chance	チャンスを逃す	错过机会
사은품	product which is given to show how thankful they are to the customer, free gift	謝恩品	赠品
특별	special	特別	特别
게	crab	カニ	螃蟹
굴	oyster	牡蛎	牡蛎

제11과 편리한 쇼핑

- 인터넷으로 무엇을 살 수 있습니까?
- 인터넷으로 물건을 사면 무엇이 좋습니까?

CD: 21

저는 지난주에 책상을 사러 학교 앞 백화점에 갔습니다. 백화점은 물건들을 구경하기 편했습니다. 그리고 점원들이 친절하게 설명을 해 줘서 좋았습니다. 저는 천천히 구경을 하고 마음에 드는 것을 하나 골랐습니다. 하지만 그 책상은 값이 너무 비싸서 살 수 없었습니다. 그래서 싼 것을 사려고 시장으로 갔습니다. 저는 시장에서 여기저기 힘들게 돌아다녔습니다. 저는 9시까지 구경을 했지만 마음에 드는 것이 없었습니다. 그래서 책상을 사지 못하고 그냥 집으로 돌아왔습니다.

집에 돌아왔을 때는 밤 10시가 넘었습니다. 저는 빨리 책상을 사고 싶어서 인터넷에서 찾아봤습니다. 인터넷에는 여러 가지 책상이 많았습니다. 저는 서랍이 많고 값도 싼 책상을 찾았습니다. 이 책상을 제일 싸게 파는 사이트에 들어가서 다른 사람들이 쓴 글을 읽어 봤습니다. 또 여러 가지 색깔도 자세히 본 후에 초록색 책상으로 주문했습니다.

2일 후에 책상이 집으로 배달됐습니다. 생각보다 빨리 와서 놀랐습니다. 그런데 색깔이 인터넷에서 본 것보다 더 어두웠습니다. 다른 책상으로 바꿀까 했지만 인터넷으로 산 것은 바꾸기가 복잡할 것 같아서 그만두었습니다.

이제부터 저는 이 책상에서 열심히 공부하겠습니다.

어휘			
그냥	just	そのまま	就那样
넘다	to pass	過ぎる, 越える	超过
서랍	drawer	引き出し	抽屉
사이트	web site	ウェブサイト	网站
색깔	color	色彩	颜色
자세히	carefully	詳しく	仔细地
주문하다	to order	注文する	订货
배달되다	to be delivered	配達される	配送
놀라다	to be surprised	驚く	惊吓
어둡다	to be dark	暗い	暗
그만두다	to quit	やめる	放弃

어휘 연습

1. 빈 칸에 알맞은 어휘를 쓰십시오.

넘다　　놀라다　　어둡다　　주문하다

❶ 한 시간 (　　　　　　)게 기다린 후에 친구가 왔습니다.

❷ 방 안이 (　　　　　　)어서/아서/여서 책을 읽을 수 없습니다.

❸ 친구가 식당에 오면 같이 음식을 (　　　　　　)으려고/려고 기다렸습니다.

❹ 그 식당의 음식값이 너무 비싸서 (　　　　　　)었습니다/았습니다/였습니다.

2. 다음과 같이 바꾸십시오.

❶ 이 가게는 집으로 물건을 배달합니다.

이 가게에서 사면 집으로 물건이 배달됩니다 .

❷ 내일도 세일을 계속합니다.

내일도 세일이 ....

❸ 나는 그 친구 이야기를 이해합니다.

나는 그 친구 이야기가 ....

❹ 한국에서는 김치냉장고를 많이 사용합니다.

한국에서는 김치냉장고가 많이 ....

질문

1. 이 사람은 어디에서 책상을 샀습니까?

2. 이 사람은 왜 백화점과 시장에서 책상을 사지 않았습니까?

3. 다음 중 맞는 것을 고르십시오. (   )

❶ 이 사람은 새로 산 책상을 바꿨습니다.
❷ 시장에서 책상을 고르는 것은 힘들지 않았습니다.
❸ 이 사람은 한가하기 때문에 인터넷 쇼핑을 했습니다.
❹ 이 사람은 다른 사람의 글을 읽어 본 후에 책상을 주문했습니다.

4. 맞는 것을 찾아서 연결하십시오.

❶ 백화점 •	• ㉠ 빨리 배달됩니다.
	• ㉡ 늦은 밤에도 쇼핑을 할 수 있습니다.
❷ 시장 •	• ㉢ 물건을 사러 다니기가 힘듭니다.
	• ㉣ 책상 값이 비쌉니다.
❸ 인터넷 •	• ㉤ 책상을 산 후에 바꾸기가 복잡합니다.
	• ㉥ 친절한 설명을 들을 수 있습니다.

5. 여러분은 어떤 방법으로 책상을 사겠습니까? 이유는 무엇입니까?

더 공부해 봅시다

○ 다음은 상품평입니다. 읽고 앞 글에 나오는 책상의 상품평을 써 봅시다.

상품 번호	제목	이름
487	값이 싸고 정말 예뻐요	마유미

이 책상은 정말 예뻐요. 책꽂이 모양도 인터넷에서 본 것보다 더 예뻐요. 책상이 하얀색이어서 제 방이 밝아진 것 같아요. 시장에서는 12만 원인데 인터넷에서 10% 더 싸게 사서 정말 기분이 좋아요!

상품 번호	제목	이름
579	넓어서 편리해요	마이클

책상이 생각보다 넓습니다. 책상 위에 컴퓨터도 놓을 수 있어요. 서랍 안에 물건을 많이 넣을 수 있어서 좋아요.

상품 번호	제목	이름
157	예쁘기는 하지만 …	유리

값이 싸고 색깔도 예쁘기는 하지만 의자 높이가 낮아서 책상에 앉으면 다리가 불편합니다. 오랫동안 공부하면 허리도 아파요.

읽어 봅시다 [CD: 22]

거센소리 1 /ㄱ/ + /ㅎ/ → /ㅋ/ 　 /ㅎ/ + /ㄱ/ → /ㅋ/

- 백화점[배콰점] — 지난주에 저는 책상을 사러 백화점에 갔습니다.
- 익숙해졌습니다[익쑤캐절씀니다] — 이제 한국 생활에 많이 익숙해졌습니다.
- 취직하러[취지카러] — 한국 회사에 취직하러 왔습니다.
- 많고[만코] — 저는 서랍이 많고 값도 싼 책상을 찾았습니다.
- 좋기[조키] — 질이 좋기는 하지만 값이 비쌉니다.

상품평	critics of product	商品レビュー	商品评价
제목	title	題目	题目
책꽂이	book shelf	本棚, 本立て	书架
허리	back	腰	腰

제12과 중고품 시장

- 여러분의 나라에 중고품 시장이 있습니까?
- 사람들은 왜 중고품 시장에 갑니까?

CD: 23

새 책과 헌 책 중에서 어느 것이 더 좋으세요? 많은 사람들이 헌 책보다 새 책을 사고 싶어합니다. 하지만 새 책이 3만 원인데 헌 책은 만 원이면 어느 것을 사시겠어요?

중고품 시장에는 아이들의 옷과 장난감, 가전제품이나 주방용품, 요즘에는 살 수 없는 옛날 물건 등 여러 가지 물건이 있습니다. 가끔은 중고품 시장에 새 것 같은 물건들도 있습니다.

서울에서는 구청에서 주말에 중고품 시장을 여는데 사람들은 자기가 사용한 물건을 거기에 가지고 가서 팔 수 있습니다. 그리고 거기에서 다른 사람이 사용한 물건도 살 수 있습니다. 또 사람들은 자기가 사용하지 않는 물건을 '아름다운 가게'에 줍니다. '아름다운 가게'에서는 그 물건들을 싼 값에 팔아서 어려운 사람들을 돕습니다. 풍물시장에 가면 고가구나 옛날 사진기 같은 구하기 어려운 물건들을 구경하고 살 수 있습니다.

중고품은 고르기가 좀 어렵기는 하지만 물건을 싸게 살 수 있어서 좋고 쓰레기를 줄일 수 있으니까 환경 보호에도 좋습니다. 여러분도 시간이 있으면 중고품 시장에 가서 구경해 보세요.

어휘			
중고품	used product	中古品	二手货
헐다	to get old, to become shabby	古い	旧
장난감	toy	おもちゃ	玩具
구청	ward office	区庁	区政府
'아름다운 가게'	'Beautiful Store'	'リサイクルショップ'	'阳光小店'
어렵다	to be needy	恵まれない	困难
풍물시장	folk flea market	風物市場	风物市场(贩卖季节性特产, 地方特产及旧货的市场)
고가구	antique furniture	古家具, アンティーク家具	古家具
사진기	camera	カメラ	照相机
구하다	to get, to gain	探す	找
환경	environment	環境	环境
보호	protection, preservation	保護	保护

어휘 연습

1. 빈 칸에 알맞은 어휘를 쓰십시오.

환경　　중고품　　헐다　　구하다

❶ 자동차를 타지 않고 자전거를 타면 (　　　　)을/를 지킬 수 있습니다.

❷ 우리 아버지는 옛날 물건을 모으는 것이 취미여서 (　　　　) 시장에 자주 가십니다.

❸ 입은 지 오래 돼서 이제 많이 (　　　　)는/은/ㄴ 청바지를 잘라서 반바지를 만들었어요.

❹ 한국에 처음 왔을 때 좋은 하숙집을 (　　　　)으려고/려고 며칠 동안 신촌을 돌아다녔습니다.

2. 빈 칸에 모두 어울리는 어휘를 쓰십시오.

열다　　어렵다

1) ❶ 한국말은 우리나라 말과 많이 달라서 공부하기가 (　　　　)어요/아요/여요.

❷ 그 할아버지는 부모가 없어서 생활이 (　　　　)는/은/ㄴ 아이들을 많이 도와줍니다.

2) ❶ 더우면 창문을 좀 (　　　　)으세요/세요.

❷ 그 사람은 회사를 그만두고 새로 가게를 (　　　　)었어요/았어요/였어요.

질문

1. 중고품 시장에는 어떤 물건이 있습니까?

2. 중고품을 사면 무엇이 좋습니까?

3. 앞 글의 내용과 같으면 O, 다르면 X 하십시오.

❶ 중고품은 고르기가 쉬워서 좋습니다. ( )

❷ '아름다운 가게' 에서는 새 물건을 팝니다. ( )

❸ 중고품 시장에서는 사람들이 사용한 물건을 팝니다. ( )

❹ 중고품 시장에서는 옛날 사진기를 구할 수 있습니다. ( )

4. 앞 글을 읽고 빈 칸에 다음과 같이 각 시장의 특징을 쓰십시오.

	시장	시장의 특징
1	구청의 중고품 시장	❶
2	아름다운 가게	❷
3	풍물시장	구하기 어려운 물건들을 구경하고 살 수 있습니다.

5. 여러분은 중고품 시장에 가면 무엇을 사겠습니까?

더 공부해 봅시다

○ 다음은 학교 행사의 안내문입니다. 읽고 질문에 답하십시오.

누구든지 오세요!!!

○○대학교 중고품 시장

언제	2010년 10월 13일 오전 10시 30분 ~ 오후 4시
어디에서	○○대학교 학생회관 앞
누가	○○대학교 학생회 & 아름다운 가게
무엇을	○○대학교 교직원과 학생들이 가지고 온 여러 가지 생활용품 5000(±)개를 싸게 팝니다.

어려운 학생들에게 장학금을 줄 거예요~ *^^*

1. 무엇을 소개하는 글입니까?

2. 왜 중고품 시장을 엽니까?

3. 누가 여기에서 물건을 살 수 있습니까?

읽어 봅시다 [CD: 24]

거센소리 2 /ㅂ/ + /ㅎ/ → /ㅍ/ /ㅎ/ + /ㅂ/ → /ㅍ/

- 복잡하고[복짜파고] — 중고품은 고르기가 좀 복잡하고 어렵습니다.
- 연습해서[연스패서] — 열심히 연습해서 발음이 좋아졌습니다.
- 졸업합니다[조러팜니다] — 저는 내년에 대학교를 졸업합니다.
- 김밥하고[김바파고] — 여기 김밥하고 떡볶이를 시킬까요?
- 입학해요[이파캐요] — 이번에 동생이 고등학교에 입학해요.

학생회	student association	学生会, 生徒会	学生会
교직원	faculty	教職員	教职人员

YONSEI KOREAN READING 2

9-12과 확인해 봅시다

1. 다음을 읽어 봅시다.

❶ 물건 값을 깎아 주는 곳도 있습니다.

❷ 시장에는 여러 가지 해산물이 많았습니다.

❸ 지난주에 저는 책상을 사러 백화점에 갔습니다.

❹ 중고품은 고르기가 좀 복잡하고 어렵습니다.

2. 다음 질문에 답하십시오.

1) '어둡다'와 같이 쓸 수 없는 어휘를 고르십시오. (　　)

❶ 돈　　❷ 방　　❸ 성격　　❹ 색깔

2) 무엇을 이야기하고 있습니까? 알맞은 것을 고르십시오. (　　)

물건을 많이 사면 점원이 집으로 가지고 옵니다.

❶ 구경　　❷ 배달　　❸ 사용　　❹ 소개

3) 알맞은 어휘를 고르십시오. (　　)

인터넷 쇼핑몰에서 읽고 싶은 책을 (　　　　)었습니다 / 았습니다 / 였습니다. 서점보다 1000원이 쌌습니다.

❶ 놀라다　　❷ 주문하다　　❸ 필요하다　　❹ 돌아다니다

4) 이것이 무엇입니까? 쓰십시오.

(　　　　　　　　　　)

연세서점

전화 : 02) 2123-3464
주소 : 서울시 서대문구 성산로 262 연세대학교 학생회관 1층
2010. 09. 25 13:35

================================

1. 연세 한국어 2	30,000
2. 연세 한국어 활용연습 2	19,000
3. 연세 한국어 읽기 2	19,000

================================

합　계	68,000원
받은 돈	70,000원
거스름돈	2,000원

※ 교환은 구입 후 7일 내에 책과 영수증을 함께 가지고 오셔야 할 수 있습니다.

3. 이 글에서 제일 하고 싶은 이야기는 무엇입니까? ( )

우리 시장에서는 여러 가지 가전제품을 백화점보다 싸게 팝니다. 냉장고, 텔레비전, 컴퓨터, 카메라 등이 있습니다. 학생들에게 필요한 전자사전도 있습니다. 친절하게 모시겠습니다.

❶ 여기는 시장입니다.

❷ 여기에서 가전제품을 사십시오.

❸ 학생들은 전자사전이 꼭 필요합니다.

❹ 냉장고, 텔레비전, 컴퓨터, 카메라를 팝니다.

4. 다음을 읽고 질문에 답하십시오.

어제 하숙집 친구와 한복을 사려고 광장시장에 갔습니다. 하숙집 친구는 독일 사람인데 지금 한국어학당에서 한국말을 배우고 있습니다. 친구는 한 달 후에 한국어학당을 졸업합니다. (㉠) 우리는 친구가 졸업하는 날 입을 한복을 사려고 여기저기 돌아다녔습니다. 시장에는 한복을 구경하고 입어 보는 외국 사람들이 많았습니다. 친구는 1시간 동안 한복을 입어 보고 제일 잘 어울리는 한복을 골랐습니다. 한복을 입은 친구는 정말 예뻤습니다. 친구가 한복을 입은 것을 보니까 나도 졸업하는 날 한복을 입고 싶었습니다.

한복을 산 후에 우리는 시장 구경을 하고 오늘 저녁에 먹을 음식 재료도 샀습니다. 사람이 많아서 복잡했지만 여러 가지를 구경할 수 있어서 재미있었습니다.

1) 이 사람은 어제 무엇을 했습니까? ( )

❶ 식당가에 갔습니다.

❷ 백화점에 갔습니다.

❸ 한복을 입어 보았습니다.

❹ 시장에서 여기저기 돌아다녔습니다.

2) ㉠에 들어갈 알맞은 말을 고르십시오. ( )

❶ 그럼 ❷ 그런데 ❸ 그래서 ❹ 그렇지만

3) 여러분 나라에서 제일 유명한 시장은 어디입니까? 그곳에서는 무엇을 팝니까? 이야기해 봅시다.

제13과 친구의 생일 파티

- 어떤 생일 파티를 하고 싶습니까?
- 파티를 준비할 때 제일 중요한 것은 무엇입니까?

CD: 25

이번 주 수요일은 우리 반 친구 리에의 생일입니다. 저는 리에의 생일에 리에를 깜짝 놀라게 해 주고 싶습니다. 그래서 요즘 파티 준비를 하는데 리에가 모르게 파티를 계획하는 것은 쉬운 일이 아닙니다.

"이번 주 수요일이 내 생일인데 그날 시간이 있어? 같이 저녁이나 먹을까?"
리에가 이런 말을 할 때마다 우리는 모두 잘 대답해 주지 않습니다.

"글쎄, 요즘은 좀 바쁜데 ……."

"잘 모르겠어. 내가 나중에 전화할게."
이렇게 대답을 할 때 저는 가슴이 두근두근합니다. 그리고 기분이 좋지 않은 얼굴을 하는 리에를 보면 웃음이 나기도 합니다.

오늘은 선물도 예쁘게 포장하고 식당도 예약했습니다. 우리는 리에가 식당에 오면 폭죽을 터뜨리고 노래를 부르려고 합니다. 그런데 어떻게 리에를 식당에 데리고 갈 수 있을까요?

"리에야, 숙제가 어려운데 여기 와서 좀 도와 줄 수 있어?"

"리에야, 지금 친구들과 저녁을 먹을 거야. 아직 저녁을 안 먹었으면 같이 먹을까?"

아직 좋은 방법을 생각하지 못했습니다. 어떻게 말하면 좋을까요?

어휘			
계획하다	to plan	計画する	计划
가슴이 두근두근하다	heart to beat	ドキドキする	心跳, 紧张
웃음이 나다	to feel laughing	笑いが出る	笑出来
포장하다	to wrap	包装する	包装
데리고 가다	to bring someone to	連れて行く	带过去

어휘 연습

1. 빈 칸에 알맞은 어휘를 쓰십시오.

계획하다 포장하다 두근두근하다 웃음이 나다

❶ 선물할 거니까 ( )어/아/여 주세요.

❷ 어제 본 코미디 영화를 생각하면 ( )어요/아요/여요.

❸ 한국에 오기 전에 ( )은/는/ㄴ 일들을 모두 다 하고 싶습니다.

❹ 말하기 시험을 보기 전에 저는 가슴이 ( )었어요/았어요/였어요.

2. 그림을 보고 다음과 같이 알맞게 쓰십시오.

데리고 가다 가지고 가다 모시고 가다

❶ 
데리고 가다 : 아빠가 아이를 데리고 갑니다 .

❷ 
.... : ....

❸ 

.... : ....

질문

1. 이 사람은 파티를 계획하는 것이 왜 어렵습니까?

2. 이 사람은 지금까지 무엇을 준비했습니까?

3. 앞 글의 내용과 같으면 O, 다르면 X 하십시오.

❶ 리에의 생일은 수요일입니다. ( )

❷ 리에는 생일에 혼자 있을 것 같습니다. ( )

❸ 이 사람은 수요일에 숙제를 할 것입니다. ( )

❹ 이 사람은 생일 파티를 하려고 식당을 예약했습니다. ( )

4. 다음 글을 쓴 사람은 누구일까요? ( )

이번 주 수요일은 제 생일입니다. 그래서 친구들은 쉬는 시간마다 파티 준비를 하는데 제가 모르게 파티 이야기를 하는 것은 쉬운 일이 아닙니다.

"수요일에 시간 있어? 저녁이나 같이 먹을까?"

저는 파티 계획을 알고 있지만 친구들에게 이런 말을 해 봅니다. 그러면 친구들은 이것저것 다른 이야기를 합니다. 그리고 재미있어하는 친구들을 보면 웃음이 나기도 합니다.

친구들은 선물도 준비하고 식당도 예약한 것 같습니다. 저는 식당에 가면 깜짝 놀라는 얼굴을 하려고 합니다. 그런데 참 어려울 것 같습니다.

"내 생일을 어떻게 알았어? 와! 정말 놀랐어."

"생일 파티를 해 줘서 고마워! 너희들이 내 생일 파티 준비하는 것은 생각도 하지 못했어."

아직도 좋은 방법을 생각하지 못했습니다. 그날 제가 어떻게 해야 할까요?

5. 여러분이 리에의 친구이면 리에를 생일 파티에 어떻게 데리고 오겠습니까?

더 공부해 봅시다

○ 다음은 카드를 만드는 방법입니다. 읽고 만들어 봅시다.

카드에 축하의 말을 쓰고 그림도 그립니다. 한 장씩 넘길 때마다 그림이 바뀌지요.

[준비물] 도화지, 가위, 연필, 색연필, 색종이, 풀

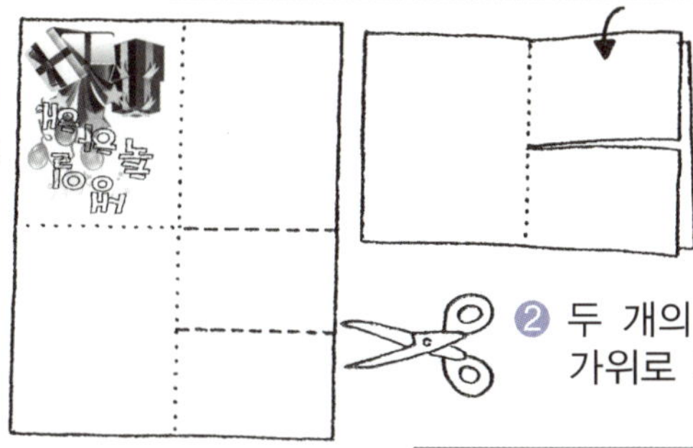

① 그림과 같이 종이를 반으로 접었다 펴세요.

② 두 개의 굵은 점선을 따라 가위로 자르세요.

③ 그림과 같이 윗부분이 앞쪽으로 오게 반으로 접으세요.

④ 종이의 가운데에 있는 점선을 따라 앞쪽으로 접으면 됩니다.

카드에 무엇을 그리고 무엇을 쓸 것인지 생각합니다.
우선 카드의 윗 부분에 그림을 그리세요.
그런 다음 한 장 넘겨서 또 다른 그림을 그리고,
그 아래에 축하의 말도 쓰세요.
이때 앞뒤의 그림들이 서로 잘 맞게 해야 합니다.
카드의 앞면과 뒷면도 멋있게 만들어 보세요.

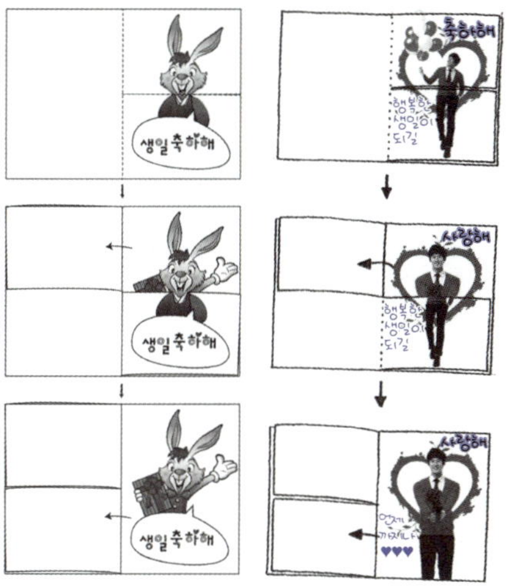

읽어 봅시다 [CD: 26]

거센소리 3 /ㄷ/ + /ㅎ/ → /ㅌ/ /ㅎ/ + /ㄷ/ → /ㅌ/

- 못했습니다[모탣씀니다] 아직 좋은 방법을 생각하지 못했습니다.
- 깨끗하게[깨끄타게] 이 방을 깨끗하게 청소해 주세요.
- 따뜻한[따뜨탄], 좋다[조타] 친구의 따뜻한 마음이 참 좋다.
- 않다[안타] 오늘은 시간이 많지 않다.
- 싫다[실타] 말하기 연습하기는 재미있지만 쓰기 숙제는 하기 싫다.

넘기다	to turn over	(ページ, 紙などを)めくる	翻过去
준비물	preparation kit	準備する物	准备物品
도화지	drawing paper	画用紙	图画纸
가위	scissors	ハサミ	剪刀
색연필	color pencil	色鉛筆	彩色铅笔
색종이	colored paper	色紙	彩纸
풀	glue	糊	浆糊
접다	to fold	折る	折
점선	dotted line	点線	点线

제14과 친구 집 방문

- 한국 사람 집에 가 본 적이 있습니까? 언제 가 봤습니까?
- 친구 집에 갈 때 무엇을 가지고 갑니까?

CD: 27

언어 교환을 하는 한국 친구가 저를 집으로 초대했습니다. 한국 사람 집에 처음 가 보는 것이어서 며칠 전부터 기다려졌습니다. 그 동네에는 가 본 적이 없기 때문에 걱정이 됐는데 친구가 버스정류장에 마중 나와서 고마웠습니다.

친구 집에 가니까 친구 가족이 모두 저에게 반갑게 인사를 했습니다. 저는 친구 어머니께 꽃다발을 드렸는데 친구 여동생이 꽃보다 더 예쁜 것 같았습니다. 미국과 다르게 한국에서는 집 안에 들어갈 때 신발을 벗어야 했습니다. 방에 들어가니까 상에는 맛있는 음식이 많이 있었습니다.

"차린 것은 없지만 많이 드세요."

"네? 음식이 정말 많은데요. 잘 먹겠습니다."

제가 젓가락을 사용할 때 힘들어하니까 친구 어머니께서 포크를 주셨습니다. 그리고 제가 고기와 생선을 잘 먹는 것을 보시고 고기와 생선을 제 앞에 놓아 주셨습니다. 음식을 맛있게 먹은 후에 저는 친구 가족과 같이 밤늦게까지 이야기도 하고 게임도 했습니다. 아주 재미있었습니다. 그리고 친구 아버지께서 자동차로 저를 기숙사까지 데려다 주셨습니다.

친구 가족의 따뜻한 마음을 느낄 수 있는 좋은 시간이었습니다.

어휘

언어 교환	language exchange	言語交換	语言交流
동네	village, town	町内	小区
마중 나오다	to come out to greet(a person)	迎えに来る	迎接
벗다	to take off	脱ぐ	脱
상	table, small table	ちゃぶ台	桌子
차리다	to set a table	準備する	准备
포크	fork	フォーク	叉子
게임	game	ゲーム	游戏
데려다 주다	to take or bring someone to	送ってくれる	送
느끼다	to feel	感じる	感到

어휘 연습

1. 빈 칸에 알맞은 어휘를 쓰십시오.

동네　　언어 교환　　느끼다　　데려다 주다

❶ 아버지는 아침마다 아이를 학교에 (　　　　)고 출근합니다.

❷ 영화 '어머니'를 보고 가족의 소중함을 (　　　　)었어요/았어요/였어요.

❸ 이 (　　　　)은/는 공원도 있고 지하철역도 가깝고 백화점도 있어서 살기가 좋습니다.

❹ 저는 아사코와 매주 (　　　　)을/를 합니다. 저는 아사코에게 한국어를 가르쳐 주고 아사코는 저에게 일본어를 가르쳐 줍니다.

2. 어울리는 어휘를 찾아서 연결하십시오.

❶ 포크 •　　　　• ㉠ 집다

❷ 젓가락 •　　　　• ㉡ 뜨다

❸ 나이프 •　　　　• ㉢ 썰다

❹ 숟가락 •　　　　• ㉣ 찍다

YONSEI KOREAN READING 2

질문

1. 이 사람은 오늘 어디에 갔습니까?

2. 이 사람은 거기에 무엇을 가지고 갔습니까?

3. 앞 글의 내용과 같으면 O, 다르면 X 하십시오.

❶ 이 사람은 혼자 친구 집까지 찾아 갔습니다. ( )

❷ 친구 어머니께서 음식을 많이 준비하셨습니다. ( )

❸ 친구 가족은 모두 마음이 따뜻한 것 같습니다. ( )

❹ 이 사람은 버스를 타고 기숙사에 돌아갔습니다. ( )

4. 누구를 설명한 것입니까? 쓰십시오.

❶ 이 사람과 언어 교환을 합니다. 이 사람 친구

❷ 꽃다발을 받았습니다. ....

❸ 꽃보다 더 예뻤습니다. ....

❹ 이 사람에게 포크를 줬습니다. ....

❺ 이 사람을 기숙사까지 데려다 줬습니다. ....

❻ 버스 정류장에 이 사람을 마중 나왔습니다. ....

5. 여러분은 집에 친구가 오면 어떻게 대접합니까?

더 공부해 봅시다

○ 다음은 이메일입니다. 읽고 질문에 답하십시오.

고마웠어요.^^	
보낸 날짜	2010년 5월 28일 수요일, 오후 4시 10분 20초
보낸 이	마이클 〈michel@yonsei.co.kr〉
받는 이	김진수 〈kimjinsoo@yonsei.co.kr〉

진수 씨!
지난번에 집에 초대해 줘서 정말 고마웠어요.
가족들이 모두 잘 대해 줘서 고향 집에 간 것 같았어요.
집도 예쁘고 …….
여동생도 참 예뻐요.
진수 씨 어머니께서 만들어 주신 음식이 모두 맛있었어요.
특히 진수 씨 어머니께서 만드신 잡채가 아주 맛있었어요.
다음 주 토요일 6시에 우리 집에서 바비큐 파티를 하려고 해요.
그때 내 미국 친구들도 몇 명 올 거예요.
여동생과 같이 꼭 오세요.

1. 누가 누구에게 이 이메일을 썼습니까?

2. 왜 이 이메일을 썼습니까?

읽어 봅시다 [CD: 28]

거센소리 4 /ㅈ/ + /ㅎ/ → /ㅊ/ /ㅎ/ + /ㅈ/ → /ㅊ/

- 많지[만치], 않지만[안치만] — 차린 것은 많지 않지만 많이 드세요.
- 좋지[조치] — 기분이 좋지 않은 리에를 보면 미안해집니다.
- 놓지[노치] — 여기에 뜨거운 것을 놓지 마세요.
- 하얗지요[하야치요] — 미선 씨는 피부가 참 하얗지요?
- 싫지요[실치요] — 여러분은 시험이 싫지요?

대해 주다	to treat someone	接してくれる	对待
바비큐 파티	barbecue party	バーベキューパーティー	烤肉派对

제15과 청첩장

- 언제 초대장을 보냅니까?
- 초대장에 무엇을 씁니까?

CD: 29

오랫동안 기다렸습니다.
그리고 드디어 인생의 반쪽을 만났습니다.
저희 두 사람은 두 개의 반쪽으로 하나의 가정을 이루려고 합니다.
사랑과 믿음으로 아름다운 가정을 만들어 더 큰 사랑을 나누겠습니다.
바쁘시겠지만 오셔서 축하해 주시면 큰 기쁨이 되겠습니다.

김 영 수
강 양 자 의 장남 준 혁

박 정 근
한 은 실 의 차녀 지 혜

- 일시 : 2010년 10월 21일 목요일 저녁 6시
- 장소 : 연세대학교 동문회관 2층

어휘			
드디어	finally	ついに	终于
인생	life	人生	人生
반쪽	half	伴侶, 2つで対を成すもの一方	一半
가정	home	家庭	家庭
이루다	to accomplish	作る, 築く	形成
믿음	trust	信頼	信任
축하하다	to congratulate	祝う	祝贺
기쁨	joy	喜び	快乐, 欢乐
장남	first son	長男	长男
차녀	second daughter	子女	次女
일시	date and time	日時	时间
동문회관	Alumni Association Bldg.	同門会館(同門 : 同じ学校を卒業した人)	同门会馆

어휘 연습

1. 빈 칸에 알맞은 어휘를 쓰십시오.

일시　　드디어　　이루다　　축하하다

❶ 시험이 끝나고 (　　　　　) 내일부터 방학이에요.

❷ 미선 씨, 졸업을 진심으로 (　　　　　)습니다/ㅂ니다.

❸ 저는 결혼해서 빨리 행복한 가정을 (　　　　　)고 싶어요.

❹ 이번 회의의 (　　　　　)과/와 장소는 이메일로 알려 드리겠습니다.

2. 빈 칸에 알맞은 어휘를 쓰십시오.

아버지

어머니

딸

딸

아들

아들

딸

❶ 장녀　❷ ....　❸ ....　❹ ....　❺ ....

질문

1. 어디에 초대하는 글입니까?

2. 누가 결혼합니까?

3. 앞 글의 내용과 같으면 O, 다르면 X 하십시오.

❶ 결혼식은 낮에 합니다. ( )

❷ 준혁 씨는 형이 없습니다. ( )

❸ 김영수는 신부의 아버지입니다. ( )

❹ 신랑과 신부는 서로를 만나려고 오래 기다렸습니다. ( )

4. 앞 글의 준혁 씨나 지혜 씨가 되어 이 청첩장을 다른 사람에게 주는 대화를 만들어 보십시오.

가(준혁/지혜) : 형(언니), 이거 받으세요. 제 청첩장이에요.

나(선생님/선배/친구) : 어, 그래? 너 결혼하니? 언제?

가 : ....

나 : ....

가 : ....

나 : ....

가 : ....

나 : ....

가 : ....

나 : ....

5. 여러분은 청첩장을 어떻게 만들고 싶습니까? 거기에 무슨 말을 쓰고 싶습니까?

더 공부해 봅시다

- 다음은 축제의 포스터입니다. 읽고 질문에 답하십시오.

1. 무슨 초대장입니까?

2. 여의도에 가면 무엇을 볼 수 있습니까?

읽어 봅시다 [CD: 30]

된소리 1 /ㄲ, ㄸ, ㅃ, ㅆ, ㅉ/

·반쪽	드디어 인생의 반쪽을 만났습니다.
·기쁨	오셔서 축하해 주시면 큰 기쁨이 되겠습니다.
·불꽃	불꽃축제 전에 유명한 가수들의 공연도 있습니다.
·딸, 뜨거운, 떡국	딸들이 앉아서 뜨거운 떡국을 먹습니다.
·씻은, 썰어서, 쌀국수	양파를 잘 씻은 후에 썰어서 쌀국수에 넣었어요.

포스터	poster	ポスター	招贴, 广告
불꽃	fireworks	花火	烟花
여의도	Youido	汝矣島(ソウルの地名)	汝矣岛
한강시민공원	Han River citizen park	漢江市民公園	汉江市民公园

제16과 친구의 결혼식

- 결혼식에서 무엇을 합니까?
- 여러분은 어떤 결혼식을 하고 싶습니까?

CD: 31

2010년 6월 26일 토요일 맑음

오늘은 제일 친한 친구인 지혜의 결혼식 날이었다. 제일 친한 친구가 결혼하니까 기쁘기도 하고 섭섭하기도 했다. 오늘 결혼식에서 내가 지혜의 부케를 받기로 했는데 나는 아직 친구의 결혼식에서 부케를 받은 적이 없기 때문에 아침부터 마음이 설레었다. 결혼식은 12시였지만 나는 지혜를 도와주려고 서둘러서 준비를 하고 일찍 집에서 나갔다.

결혼식장에는 사람들이 아주 많아서 좀 시끄러웠다. 결혼식에는 신랑과 신부의 친구들보다 친척과 부모님의 친구들이 더 많이 오셨다. 결혼은 신랑과 신부, 두 사람이 하는 것이지만 한국에서 결혼식은 신랑 가족과 신부 가족에게 중요한 행사이기 때문이다.

결혼식은 오래 걸리지 않았다. 결혼식이 끝난 후에 기념 촬영을 하고 지혜가 나에게 부케를 던졌다.

내가 부케를 들고 있으니까 여러 사람들이 "결혼식에서 부케를 받으면 6개월 안에 결혼해야 하는데 결혼할 남자 친구가 있어요?" 하고 물었다. 아직 남자 친구도 없는데 부케를 받아서 걱정이다. 하지만 그것보다 지혜가 정말 행복하게 잘 살았으면 좋겠다.

어휘			
친하다	to be intimate, close	親しい	亲密
섭섭하다	to be (lighter) sad	寂しい	舍不得
설레다	to be tingly, excited	ウキウキする	激动
결혼식장	wedding hall	結婚式場	礼堂
친척	relative	親戚	亲戚
중요하다	to be important	重要だ	重要
기념 촬영	taking picture for the remembrance	記念撮影	纪念照

어휘 연습

1. 빈 칸에 알맞은 어휘를 쓰십시오.

기념 촬영　　설레다　　친하다　　중요하다

❶ 이 문법은 아주 (　　　　)으니까/니까 꼭 복습하세요.

❷ 졸업식이 끝난 후에 우리 반 친구들과 같이 (　　　　)을/를 했습니다.

❸ 내 친구들 중에서 미선이는 나하고 제일 (　　　　)는/은/ㄴ 친구예요.

❹ 부모님께서 내일 한국에 오십니다. 그래서 벌써 마음이 (　　　　)어요/아요/여요.

2. 다음과 같이 알맞게 쓰십시오.

❶ 방 친구가 다음 주에 고향에 돌아가서 ~~어서/아서/여서~~ 섭섭해요.

❷ ………………………… 어서/아서/여서 기뻐요.

❸ ………………………… 어서/아서/여서 설레어요.

❹ ………………………… 어서/아서/여서 걱정이에요.

❺ ………………………… 어서/아서/여서 슬퍼요.

질문

1. 친구가 결혼하는데 이 사람의 기분은 어떻습니까?

2. 이 사람은 부케를 받고 왜 걱정을 했습니까?

3. 앞 글의 내용과 같으면 O, 다르면 X 하십시오.

❶ 오늘 친한 친구가 결혼을 했습니다. (　　)

❷ 결혼식을 한 후에 사진을 찍었습니다. (　　)

❸ 날씨가 좋지 않았지만 사람들이 많이 왔습니다. (　　)

❹ 결혼식에는 친척과 부모님의 친구들보다 신랑과 신부의 친구들이 많았습니다. (　　)

4. 앞 글을 읽고 다음과 같이 묻고 대답하십시오.

❶ 가 : 오늘은 무슨 날이었습니까?

나 : 친한 친구 지혜의 결혼식 날이었습니다.

❷ 가 : 결혼식에는 어떤 사람들이 많았습니까?

나 : ....

❸ 가 : .... ?

나 : ....

❹ 가 : .... ?

나 : ....

5. 여러분 나라의 결혼식과 한국의 결혼식은 무엇이 다릅니까?

더 공부해 봅시다

o 다음은 결혼하는 친구에게 주는 카드입니다. 읽고 질문에 답하십시오.

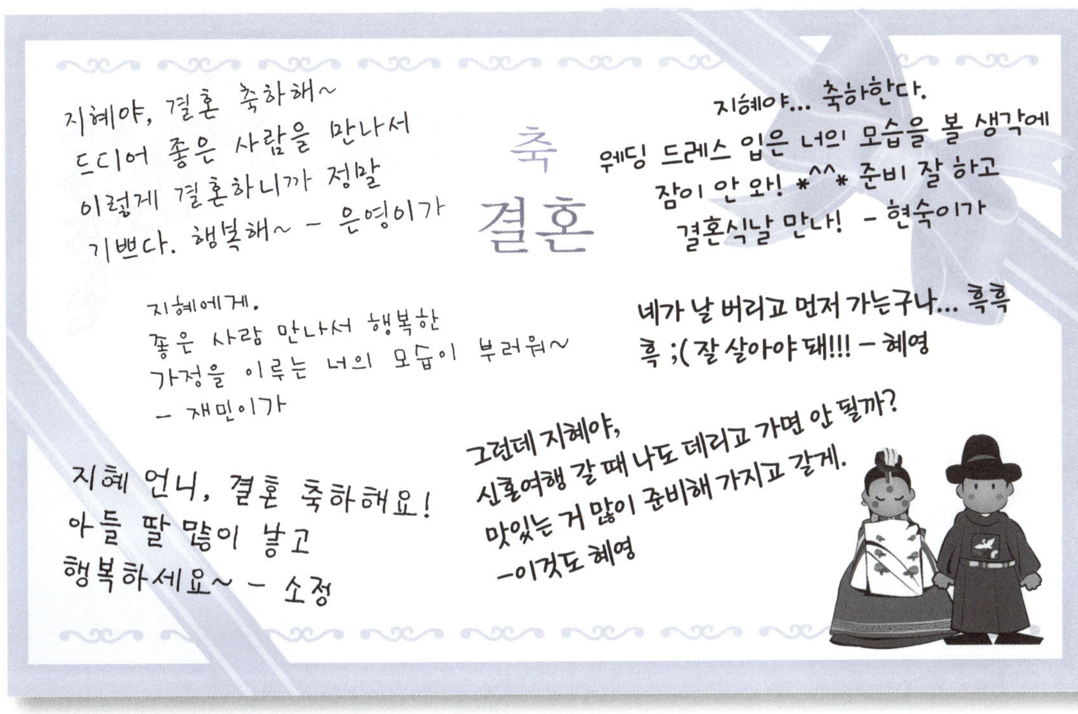

1. 글을 쓴 사람들은 누구일까요?

2. 친구에게 이런 글을 써 봅시다.

읽어 봅시다 [CD: 32]

된소리 2 받침 [ㄱ, ㄷ, ㅂ] 뒤의 /ㄱ/ → /ㄲ/

- 받기[받끼], 했기[핻끼] — 내가 부케를 받기로 했기 때문에 마음이 설레었다.
- 6개월[육깨월] — 부케를 받으면 6개월 안에 결혼해야 하는데요.
- 떡국[떡꾹], 먹고[먹꼬] — 설날에는 떡국을 먹고 추석에는 송편을 먹습니다.
- 학교[학꾜], 듣고[듣꼬] — 학교에서 한국 노래를 듣고 노래를 배웠습니다.
- 갈아입고[가라입꼬] — 결혼식이 끝나면 한복으로 갈아입고 인사를 합니다.

낳다	to give birth	生む	生
모습	appearance	姿	模样
버리다	to abandon	捨てる	扔掉
부럽다	to be envious	羨ましい	羡慕

13-16과 확인해 봅시다

1. 다음을 읽어 봅시다.

❶ 아직 좋은 방법을 생각하지 못했습니다.

❷ 차린 것은 많지 않지만 많이 드세요.

❸ 오셔서 축하해 주시면 큰 기쁨이 되겠습니다.

❹ 내가 부케를 받기로 했기 때문에 마음이 설레었다.

2. 다음 질문에 답하십시오.

1) 두 어휘가 서로 어울리지 않는 것을 고르십시오. ( )

❶ 상 : 차리다　❷ 부케 : 시키다

❸ 파티 : 준비하다　❹ 폭죽 : 터뜨리다

2) [보기]와 같이 ( ) 안에 알맞은 어휘를 쓰십시오.

[보기] 웃다 → (웃음)

❶ 믿다 → ( )　❷ 그리다 → ( )

❸ 자다 → ( )　❹ 모이다 → ( )

3) 무엇을 이야기하고 있습니까? 알맞은 것을 고르십시오. ( )

이번 달 동창회는 마지막 주 토요일 저녁 7시에 하겠습니다.

❶ 일시　❷ 음식　❸ 장소　❹ 친구

4) 알맞은 어휘를 고르십시오. ( )

내일 저녁에 회사 동료들과 회식이 있습니다.
그래서 식당을 ( )었습니다/았습니다/였습니다.

❶ 이루다　❷ 계획하다　❸ 사용하다　❹ 예약하다

3. 다음의 내용과 같은 것을 고르십시오. (　　)

> 저희 동호회에서는 이번 주 금요일부터 일요일까지 인사동에서 사진 전시회를 합니다. 저희는 사진을 잘 찍지는 못하지만 사진 찍는 것을 아주 좋아하는 사람들입니다. 음료수와 과자도 준비했으니까 꼭 오셔서 사진도 구경하시고 맛있는 과자도 드세요.

❶ 전시회는 1주일 동안 합니다.

❷ 이 전시회에서는 음식을 팝니다.

❸ 사진 동호회에서 전시회를 합니다.

❹ 이 동호회 사람들의 직업은 사진을 찍는 것입니다.

4. 다음을 읽고 질문에 답하십시오.

> **자동차 전시회**
>
> 깨끗한 환경을 위한 자동차 전시회를 합니다. 마음에 드는 자동차를 싸게 살 수도 있습니다. 오셔서 멋진 자동차를 구경하고 타 보세요.
>
> - (㉠) : 2011년 8월 25일 (목) ~ 8월 28일 (일) 오전 11시 ~ 오후 7시
> - (㉡) : 삼성동 COEX
> - (㉢) : 5,000원
>
> ◆ 6시 30분부터는 전시회에 들어올 수 없습니다.

1) 이 글의 내용과 다른 것을 고르십시오. (　　)

❶ 학생은 무료입니다.

❷ 이 전시회는 4일 동안 합니다.

❸ 7시에 도착하면 전시회에 들어갈 수 없습니다.

❹ 이 전시회에서는 자동차를 구경할 수 있습니다.

2) ㉠~㉢에 들어갈 알맞은 말을 쓰십시오.

> 누가　　언제　　어디　　무엇　　얼마

㉠ ....　　㉡ ....　　㉢ ....

3) 여러분은 어떤 전시회에 간 적이 있습니까? 이야기해 봅시다.

제17과 서울 구경

- 서울에서 어디를 구경했습니까?
- 하루에 서울의 여러 곳을 구경하려면 어떤 교통수단이 좋을까요?

CD: 33

나는 오늘 친구와 같이 서울 시내를 구경하는 서울 도심순환버스를 탔다. 이 버스는 오전 9시부터 밤 9시까지 다니는데 표를 한 번 사면 하루 종일 이용할 수 있다. 또한 공휴일에도 탈 수 있어서 편리하다. 우리는 10시에 광화문에 있는 면세점 앞에서 이 버스를 탔다. 이 버스에는 외국어 서비스가 있어서 듣고 싶은 언어로 설명을 들을 수 있다.

"다음 정류장은 국립중앙박물관입니다. 내리실 분은 벨을 눌러 주세요. 버스는 30분마다 있습니다."

안내원이 한국어와 영어로 친절하게 설명해 줬다. 국립중앙박물관은 구경할 게 많았지만 1시간만 구경하고 다시 버스를 탔다. 우리는 이태원에 내려서 쇼핑도 하고 점심도 먹었다. 그 다음에는 한옥 마을에 가서 여기저기 구경하고 한복도 입어 보고 떡도 먹어 봤다. 그런 다음에 서울타워와 대학로도 구경했다.

하루에 버스나 지하철을 여러 번 갈아타고 여기저기를 구경하기가 어려운데 도심순환버스가 있어서 편리했다. 다음에는 다른 코스도 구경하고 싶다.

어휘			
시내	downtown	市内	市内
도심순환버스	city rotating bus	都心循環バス	环城巴士
하루 종일	all day long	一日中	一整天
광화문	Kwangwhamoon (Seoul's landmark gate)	光化門 (ソウルの地名)	光化门
면세점	duty free shop	免税店	免税店
서비스	service	サービス	服务
언어	language	言語	语言
국립중앙박물관	National Museum of Korea	国立中央博物館	国立中央博物馆
안내원	courier, guide	ガイド	解说员
이태원	Itaewon	梨泰院 (ソウルの地名)	梨泰院
한옥 마을	Han-ok village (traditional housing village)	韓国古来の建築様式で建てられた家屋の村	韩屋村
서울타워	Seoul Tower	ソウルタワー	首尔塔
대학로	Daehak-ro (Dae-hak Street)	大学路 (ソウルの地名)	大学路

어휘 연습

1. 빈 칸에 알맞은 어휘를 쓰십시오.

시내　　언어　　서비스　　하루 종일

❶ 어제는 아침부터 밤늦게까지 (　　　　　) 비가 왔어요.

❷ 그 음식점은 (　　　　　)이/가 좋아서 항상 사람들이 많아요.

❸ 서울 (　　　　　)은/는 차가 많이 다녀서 늘 교통이 복잡합니다.

❹ 다른 나라의 (　　　　　)을/를 잘 배우고 싶으면 그 나라 문화에도 관심을 가져야 합니다.

2. 맞게 연결하십시오.

❶ 한옥 •　　　　• ㉠ 한국의 전통 옷

❷ 한복 •　　　　• ㉡ 한국의 전통 종이

❸ 한식 •　　　　• ㉢ 한국의 전통 집

❹ 한지 •　　　　• ㉣ 한국의 전통 음식

질문

1. 이 사람은 오늘 어떤 버스를 탔습니까?

2. 이 사람은 오늘 어디를 구경했습니까? 순서대로 쓰십시오.

3. 앞 글의 내용과 같으면 O, 다르면 X 하십시오.

❶ 저녁에는 이 버스를 이용할 수 없습니다. ( )

❷ 이 사람은 학교 앞에서 이 버스를 탔습니다. ( )

❸ 이 버스 안에서 영어로 설명을 들을 수 있습니다. ( )

❹ 이 버스에서 내려서 다시 탈 때 표를 또 사야 합니다. ( )

4. 빈 칸을 채우십시오.

1. 이 사람이 탄 것	❶
2. 이것을 처음 탄 곳	❷
3. 처음 탄 시간	❸
4. 같이 탄 사람	❹
5. 처음 내린 곳	❺

5. 여러분 나라에도 이런 버스가 있습니까? 이 버스의 좋은 점을 이야기해 봅시다.

더 공부해 봅시다

○ 다음은 서울을 구경할 수 있는 시티투어버스의 네 가지 코스입니다. 읽고 질문에 답하십시오.

【도심순환코스】 구경하고 싶은 곳에 내려서 구경한 후에 30분마다 오는 다음 버스를 또 탈 수 있습니다. 1층 버스입니다.

❶ 27곳 : 광화문 ▶ 덕수궁 ▶ 남대문시장 ▶ 서울역 ▶ 국립중앙박물관 ▶ 이태원 ▶ 명동 ▶ 한옥마을 ▶ 서울타워 ▶ 동대문시장 ▶ 대학로 ▶ 인사동 ▶ 경복궁

❷ 시간 : 오전 9시 ~ 밤 9시 ❸ 요금 : 10,000원

【청계, 고궁코스】 2층 버스를 타고 청계천과 아름다운 고궁, 인사동에 갈 수 있습니다.

❶ 12곳 : 광화문 ▶ 덕수궁 ▶ 청계광장 ▶ 대학로 ▶ 창경궁 ▶ 창덕궁 ▶ 인사동

❷ 시간 : 오전 10시 ~ 오후 5시 ❸ 요금 : 12,000원

【1층 버스 야간코스】 불빛이 아름다운 한강 다리와 서울의 야경을 볼 수 있습니다.

❶ 4곳 : 광화문 ▶ 덕수궁 (서강대교, 성수대교, 한남대교) ▶ 서울타워 ▶ 청계광장

❷ 시간 : 하루에 한 번 (밤 8시에 출발) ❸ 요금 : 5,000원

【2층 버스 야간코스】 2층 버스를 타고 아름다운 서울 여러 곳의 야경을 볼 수 있습니다.

❶ 13곳 : 광화문 ▶ 마포대교 ▶ 여의도 ▶ 반포대교 ▶ 올림픽대로 ▶ 한남대교 ▶ 남산도서관 ▶ 숭례문 ▶ 청계광장

❷ 시간 : 하루에 한 번 (밤 8시에 출발) ❸ 요금 : 10,000원

1. 낮에 2층 버스를 타고 서울의 옛날 모습을 구경하려면 어느 버스를 타야 합니까?

2. 여러분은 어느 버스를 타고 싶습니까?

읽어 봅시다 [CD: 34]

된소리 3 받침 [ㄱ, ㄷ, ㅂ] 뒤의 /ㄷ/ → /ㄸ/

- 한복도[한복또], 떡도[떡또] — 나는 한옥 마을에서 한복도 입어 보고 떡도 먹어 봤다.
- 식당[식땅] — 이 근처에 음식을 잘하는 식당이 있어요?
- 탔다[탇따] — 오늘 서울 시내를 구경하는 서울 도심순환버스를 탔다.
- 없다[업따] — 요즘은 방학이어서 학생이 별로 없다.
- 곳도[곧또], 싶다[십따] — 다음에는 다른 곳도 구경하고 싶다.

시티투어버스	city tour bus	シティーバスツアー	市内游览巴士
고궁	old palace	宮中	古宫
야간	night-time	夜間	夜间
불빛	light	イルミネーション	灯光
한강	Han River	漢江	汉江
다리	bridge	橋	桥
야경	night scenery	夜景	夜景

제18과 지하철 풍경

- 한국에서 어떤 교통수단을 자주 이용합니까?
- 한국의 지하철이 어떻습니까?

CD: 35

많은 사람들은 지하철에서 하루를 시작합니다. 지하철은 버스보다 시간이 정확하고 갈아타기 쉽기 때문에 지하철을 타는 사람들이 많습니다.

한국의 지하철은 안전하고 교통 카드를 사용할 수 있어서 이용하기가 편리합니다. 요금도 다른 나라보다 싸고 새벽부터 밤늦게까지 이용할 수 있습니다. 서울에는 여러 지하철이 있는데 호선마다 색이 다르기 때문에 가고 싶은 역을 쉽게 찾을 수 있습니다. 그리고 안내 방송이 나오기 때문에 어느 역인지 쉽게 알 수 있습니다. 지하철 안에는 노약자들만 앉는 노약자석이 있고 젊은 사람들은 할아버지, 할머니가 타시면 자리를 양보합니다. 그리고 한국에서 65세가 넘은 노인들은 무료로 지하철을 이용할 수 있습니다.

나는 지하철 안에서 사람들의 다양한 모습을 봅니다. 신문이나 책을 읽는 사람, 음악을 듣는 사람, 휴대전화로 게임을 하는 사람, 꾸벅꾸벅 조는 사람이 있습니다. 그리고 큰 소리로 전화를 하는 사람이 있어서 시끄러울 때도 있습니다. 저는 가끔 지하철 안에서 숙제를 하는데 친절하게 가르쳐 주는 한국 사람도 있습니다.

좀 복잡하기는 하지만 한국의 여러 사람들과 여러 모습을 볼 수 있는 지하철, 서울에서 어디든지 쉽게 갈 수 있게 해 주는 지하철, 이 지하철에서 저도 많은 사람과 함께 하루를 시작합니다.

어휘			
풍경	scenery	風景	风景
정확하다	to be precise	正確だ	准确
안전하다	to be safe	安全だ	安全
새벽	dawn	早朝	凌晨
젊다	to be youthful	若い	年轻
양보하다	to yield, to give way to	譲る	让
노인	elders	老人	老人
꾸벅꾸벅	motion of dropping head when you sleep sitting down	うとうと	(头)一点一点地
졸다	to doze	居眠りする	打盹
함께	together	一緒	一起

어휘 연습

1. 빈 칸에 알맞은 어휘를 쓰십시오.

젊다　　안전하다　　양보하다　　정확하다

❶ 우리나라 말에는 그 발음이 없어서 (　　　　　　)게 발음하기가 어려워요.

❷ 우리 고향은 (　　　　　　)는/은/ㄴ 곳이어서 밤늦게까지 돌아다녀도 괜찮습니다.

❸ 그 사람은 (　　　　　　)었을/았을/였을 때 열심히 일해서 높은 자리에 올라갔습니다.

❹ 영수는 과자를 먹고 싶었지만 우는 동생에게 과자를 (　　　　　　)었어요/았어요/였어요.

2. 다음 어휘가 들어갈 수 있는 문장을 찾아서 연결하십시오.

❶ 지하철 •　　　　• ㉠ (　　　　)을/를 건너서 2번 출구로 나가세요.

❷ 지하도 •　　　　• ㉡ (　　　　)을/를 갈아타기가 별로 어렵지 않아요.

❸ 지하실 •　　　　• ㉢ (　　　　)에 자주 쓰지 않는 물건들을 놓았어요.

❹ 지하상가 •　　　　• ㉣ (　　　　)은/는 지하철과 연결돼 있어서 이용하기가 편리해요.

질문

1. 왜 사람들이 지하철을 많이 탑니까?

2. 노인들이 지하철을 이용할 때 좋은 점은 무엇입니까?

3. 다음 중 맞는 것을 고르십시오. (　　)

❶ 호선마다 색이 달라서 편리합니다.
❷ 지하철을 타려면 현금이 있어야 합니다.
❸ 이 사람은 지하철 타는 방법을 잘 모릅니다.
❹ 이 사람은 지하철에서 숙제를 하는 한국 사람을 봅니다.

4. 이 사람은 지하철에서 어떤 모습을 봅니까?

❶ 신문이나 책을 읽는 사람의 모습
❷ ……………………
❸ ……………………
❹ ……………………
❺ ……………………
❻ ……………………

5. 여러분 나라의 지하철은 어떻습니까? 한국의 지하철과 무엇이 다릅니까?

더 공부해 봅시다

○ 다음을 읽고 질문에 답하십시오.

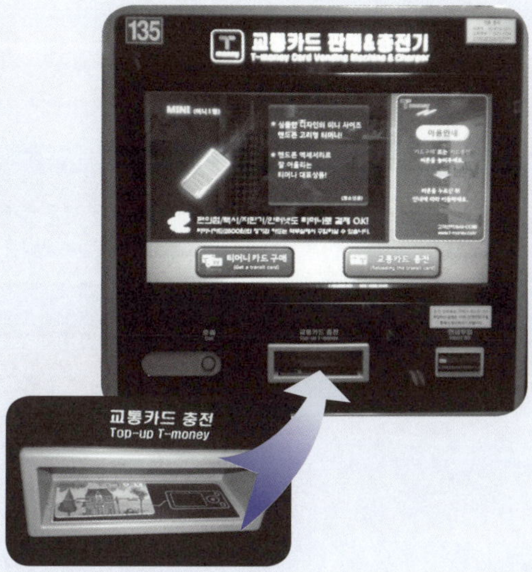

교통카드 충전

❶ 서비스를 선택하십시오.
→ [교통카드 충전] 버튼을 누릅니다.
❷ 교통카드를 넣어 주십시오.
❸ 돈을 넣어 주십시오.
❹ 교통카드 충전 중입니다.
❺ 충전이 다 됐습니다.
❻ 영수증 버튼을 누르면 영수증과 거스름돈이 나옵니다.

1. 위 글은 무엇을 하는 방법입니까?

2. 이 교통카드가 있으면 어떤 점이 좋습니까?

읽어 봅시다 [CD: 36]

된소리 4 받침 [ㄱ, ㄷ, ㅂ] 뒤의 /ㅈ/ → /ㅉ/

- 노약자[노약짜] 지하철 안에는 노약자석이 있습니다.
- 숙제[숙쩨] 저는 가끔 지하철 안에서 숙제를 합니다.
- 듣지[듣찌] 너무 시끄러워서 안내방송을 듣지 못했습니다.
- 청첩장[청첩짱] 제 청첩장인데요, 다음 달 첫째 토요일입니다.
- 잡지[잡찌] 지하철 안에서 신문이나 잡지를 읽는 사람도 있습니다.

선택하다	to choose	選択する	选择
충전	electric charging, recharge	充電	充值
버튼	button	ボタン	按钮

제19과 가 보고 싶은 지하철역

- 특별히 생각나는 지하철역이 있습니까?
- 여러분 나라의 지하철역과 한국의 지하철역은 무엇이 다릅니까?

CD: 37

그림도 보고 결혼식도 할 수 있는 지하철역을 아세요? 하루에 400만 명이나 이용하는 서울의 지하철역 중에서 멋있고 재미있어서 가 보고 싶은 지하철역 몇 군데를 소개하겠습니다.

»3호선의 옥수역 : 미술관

옥수역에는 예쁜 색이 많습니다. 컵 모양의 의자는 노란색이고 문은 빨간색, 노란색, 초록색으로 다양합니다. 그래서 옥수역에 가면 미술관에 간 것 같습니다.

»4호선의 사당역 : 공연장

사당역에서는 멕시코 전통 음악, 전자 바이올린, 힙합 등 다양한 공연을 합니다. 음악도 듣고 공연도 보고 피에로도 만나려면 사당역에 가 보세요.

»5호선의 광화문역 : 화랑

광화문역 지하에는 화랑이 있습니다. 여기에서는 시, 그림, 사진 등 여러 가지 작품을 전시합니다. 광화문역에 가서 재미있게 구경하세요.

»6호선의 녹사평역 : 결혼식장

녹사평역은 지붕을 유리로 만들어서 지하 4층까지 아주 밝습니다. 지하철역 벽에 여러 가지 색깔의 유리로 만든 그림이 있어서 아름답고, 유리 계단과 에스컬레이터도 특이합니다. 지하철역이 아주 아름다워서 여기에서 결혼식을 하는 사람들도 많습니다.

다른 역에서도 여러 가지 공연과 전시를 볼 수 있습니다.

어휘			
군데	place	ケ所 (場所を数える単位)	地方
공연장	performance place	劇場	表演场地
전자 바이올린	electric violin	電子バイオリン	电小提琴
힙합	hip-hop	ヒップポップ	嘻哈(Hip-hop)音乐
피에로	pierrot	ピエロ	皮耶罗小丑
화랑	art gallery	ギャラリー, 画廊	画廊
시	poem	詩	诗
전시하다	to exhibit	展示する	展览
지붕	roof	屋根	屋顶
유리	glass	ガラス	琉璃, 玻璃
계단	stairs	階段	台阶
에스컬레이터	escalator	エスカレーター	自动扶梯
특이하다	to be unique	独特だ	特别

어휘 연습

1. 빈 칸에 알맞은 어휘를 쓰십시오.

군데 계단 전시하다 특이하다

❶ 엘리베이터가 고장나서 ( )으로/로 걸어서 올라갔어요.

❷ 인사동 화랑에서 유명한 사람들의 사진을 ( )고 있습니다.

❸ 이 옷은 보통 옷과 다르게 디자인이 아주 ( )어요/아요/여요.

❹ 마음에 드는 구두를 사려고 가게를 열 ( )이나/나 돌아다녔습니다.

2. 이곳에서 무엇을 합니까? 다음과 같이 쓰십시오.

❶ 미술관 : 그림을 봅니다.

❷ 공연장 : .

❸ 화랑 : .

❹ 결혼식장 : .

질문

1. 무엇을 소개하는 글입니까?

2. 옥수역은 왜 미술관 같습니까?

3. 앞 글의 내용과 같으면 O, 다르면 X 하십시오.

❶ 옥수역에 가면 미술관이 있습니다. ( )

❷ 여러 지하철역에서 공연이나 전시를 합니다. ( )

❸ 사당역에서는 여러 가지 음악을 들을 수 있습니다. ( )

❹ 광화문역의 화랑에서는 여러 가지 그림을 전시합니다. ( )

4. 앞 글을 읽고 맞게 연결하십시오.

❶  • • ㉠ 옥수역

❷  • • ㉡ 사당역

❸  • • ㉢ 광화문역

❹  • • ㉣ 녹사평역

5. 사람들은 왜 녹사평역에서 결혼식을 합니까? 여러분 나라에도 이런 지하철역이 있습니까?

더 공부해 봅시다

○ 다음은 지하철 문화 노선도입니다. 읽고 질문에 답하십시오.

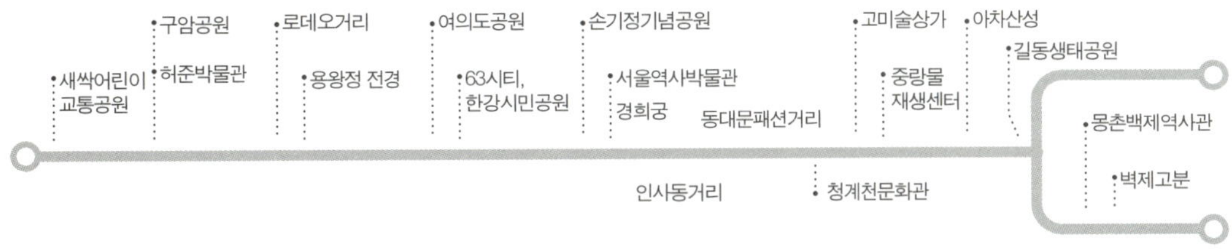

여의도공원 여의도역 ①③번 출구 / **서울역사박물관** 서대문역 ④번 출구 / **인사동** 종로3가역 ④번 출구 / **고미술 상가** 답십리역 ②번 출구

63시티,한강시민공원 여의나루역 ③④번 출구 / **경희궁** 서대문역 ④번 출구 / **동대문 패션거리** 동대문역사문화공원역 ⑭번 출구 / **몽촌백제역사관** 올림픽공원역 ③번 출구

1. 어느 역에서 내리면 박물관에 갈 수 있습니까?

2. 여러분은 어디에 가고 싶습니까?

읽어 봅시다 [CD: 38]

된소리 5 받침 [ㄱ, ㄷ, ㅂ] 뒤의 /ㅅ/ → /ㅆ/

• 옥수역[옥쑤역]	옥수역에는 예쁜 색이 많습니다.
• 약속[약쏙], 않겠습니까[안켇씀니까]	여러분도 이런 지하철역에서 약속을 해 보지 않겠습니까?
• 몇 사람[멷싸람], 있습니까[읻씀니까]	교실에 몇 사람 있습니까?
• 역사[역싸], 하겠습니다[하겓씀니다]	서울역사박물관을 소개하겠습니다.
• 답십리역[답씸니역]	답십리역에 가면 고미술 상가들이 많습니다.

고미술	antique art	古美術	古美术
상가	shops, stores	商店街	商街
거리	street	通り	街
백제	Baek Je	百済	百济
역사관	building for exhibition of history	歴史舘	历史博物馆

제20과 교통과 생활

- 교통수단을 이용할 때 무엇이 불편합니까?
- 어떤 교통수단이 있었으면 좋겠습니까?

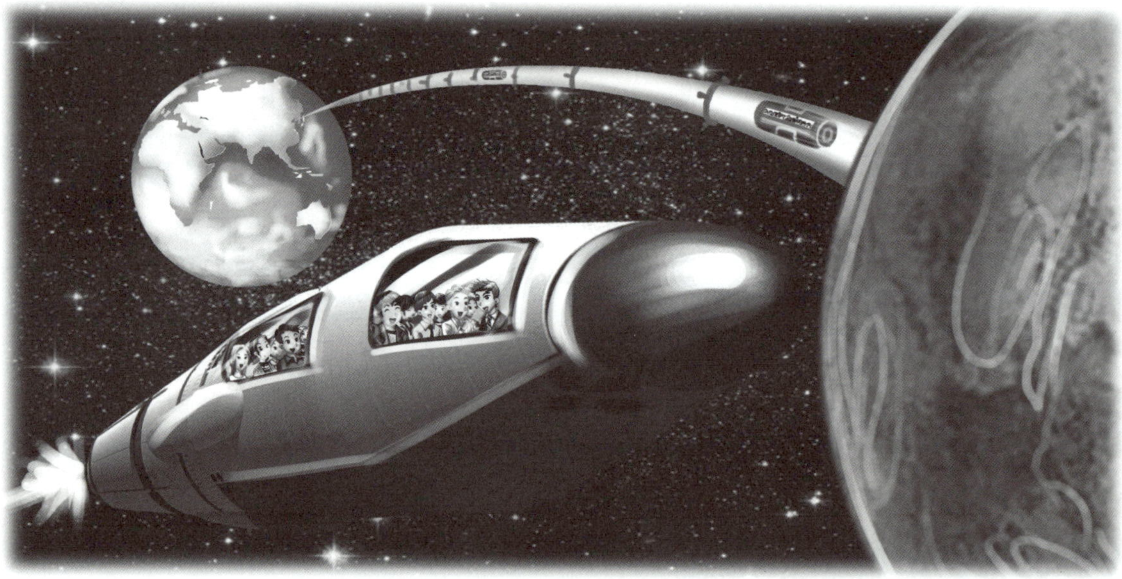

CD: 39

어느 날 버스나 지하철이 모두 사라지면 어떻게 학교에 오겠습니까? 비행기가 없으면 우리는 언제 고향에 계신 부모님을 다시 만날 수 있을까요? 우리가 날마다 이용하는 교통수단이 없으면 우리의 생활은 지금과 아주 다를 것 같습니다.

교통수단이 많지 않은 옛날에 사람들은 어디까지 갈 수 있었을까요? 소나 말을 타고 옆 마을의 산에 갔다가 집으로 돌아오는 것은 하루 종일 걸리는 피곤한 일이었습니다. 친구를 만나러 고향에 가고 싶어도 산을 넘고 강을 건너는 여행이 힘들어서 보고 싶은 얼굴을 생각만 했겠지요.

그때 사람들은 우리가 날마다 지하철을 타고 산을 지나서 학교에 다니는 것을 상상할 수 있었을까요? 친구가 보고 싶으면 언제든지 KTX를 타고 고향에 가서 재미있게 놀다가 오는 것도 어려운 일이 아니지요.

여러분은 어떻습니까? 미래의 사람들이 엘리베이터를 타고 우주까지 가는 것을 생각해 본 적이 있나요? 앞으로 저는 우주에서 조용하고 자유롭게 살았으면 좋겠습니다. 친구들을 만날 때는 자가용 우주선을 타고 지구로 오겠습니다. 또 친구들이 우주에 놀러 오면 함께 우주 버스를 타고 구경도 하고 파란 바다가 아름다운 지구의 사진도 찍겠습니다.

앞으로 교통수단은 어떻게 달라질까요? 그러면 우리들의 생활은 어떻게 될까요?

어휘

사라지다	to disappear	無くなる	消失
소	cow	牛	牛
말	horse	馬	马
상상하다	to imagine	想像する	想象
미래	future	未来	未来
우주	space	宇宙	宇宙
자유롭다	to be free	自由だ	自由
자가용	one's own vehicle	自家用	私人用
우주선	spaceship	宇宙船	宇宙飞船
지구	earth	地球	地球

어휘 연습

1. 빈 칸에 알맞은 어휘를 쓰십시오.

우주　　사라지다　　상상하다　　자유롭다

❶ 지구 밖의 (　　　　　　)은/는 아주 넓어서 끝이 없습니다.

❷ 저는 하고 싶은 것을 할 수 있는 (　　　　　　)는/은/ㄴ 생활이 좋습니다.

❸ 이사하면 옆집 사람들과 떡을 나눠 먹는 좋은 풍습이 (　　　　　　)고 있습니다.

❹ 소설 속에 나오는 사람을 직접 만나는 것을 (　　　　　　)었습니다/았습니다/였습니다.

2. 빈 칸에 알맞은 어휘를 쓰십시오.

❶ (　소　)

❷ (　　　　　　)

❸ (　　　　　　)

❹ (　　　　　　)

❺ (　　　　　　)

질문

1. 우리의 생활을 편리하게 하는 것은 무엇입니까?

2. 옛날, 지금, 그리고 미래의 교통수단은 무엇입니까?

3. 앞 글의 내용과 같으면 O, 다르면 X 하십시오.

❶ 이 사람은 조용한 곳에서 살고 싶어합니다. (　　)

❷ 이 사람은 친구와 함께 자가용 우주선을 타고 싶어합니다. (　　)

❸ 옛날에 소나 말을 타고 옆 마을에 다니는 일은 아주 편했습니다. (　　)

❹ 교통수단이 없으면 우리는 지금과 같은 생활을 하지 못할 것 같습니다. (　　)

4. 앞 글에 나온 교통수단과 생활을 쓰십시오.

	교통수단	생활
1	말, 소	❶
2	❷	먼 곳에 있는 학교에 갑니다.
3	❸	❹

5. 미래에 어떤 교통수단이 나올 것 같습니까?

더 공부해 봅시다

○ 다음은 일기입니다. 읽고 질문에 답하십시오.

2030년 5월 3일

아침 일찍 오토바이를 타고 남산에 올라가서 운동을 했다. 운동을 하는 동안 오토바이에 태양열 에너지를 충전했다.

학교에서 공부를 하고 집으로 오는 길에 일본에 있는 요코에게서 전화가 왔다. 나는 요코와 빨리 만나고 싶어서 자동차의 프로펠러를 켜고 하늘 위로 올라갔다. 20분쯤 후에 구름 아래로 일본이 보이기 시작했다.

오늘은 어머니의 생신이어서 저녁에는 고향에 갔다. 나는 바다 속으로 기차를 타고 갔다. 바다 속의 경치를 보면 항상 기분이 좋아진다.

오랜만에 할아버지도 만났다. 할아버지와 함께 자전거를 타러 나갔다. 그 자전거는 할아버지께서 고등학생이었을 때 사셨다. 할아버지 연세가 117세이시니까 100년이나 된 자전거이다. 그 자전거는 빠르지 않았지만 바닷가에서 자전거를 타니까 마음이 편해졌다.

1. 이 사람은 무엇을 타고 어디에 갑니까?

2. 이 글에 나오는 교통수단 중에서 여러분이 타고 싶은 것은 무엇입니까?

읽어 봅시다 [CD: 40]

콧소리 1 /ㄴ/ 산, 사진, 친구
/ㅁ/ 밤, 지금, 사람
/ㅇ/ 강, 상상, 자가용

- 파란, 사진 — 파란 바다가 아름다운 지구의 사진도 찍겠습니다.
- 교통수단, 지금 — 교통수단이 없으면 우리의 생활은 지금과 아주 다를 것 같습니다.
- 사람, 상상 — 옛날 사람들은 지하철을 상상할 수 있었을까요?
- 친구, 자가용, 우주선 — 친구들을 만날 때는 자가용 우주선을 타고 지구로 오겠습니다.
- 산, 밤 — 산에 갔다가 집에 밤에 돌아왔습니다.

오토바이	motorcycle	オートバイ	摩托车
태양열 에너지	solar energy	太陽熱エネルギー	太阳能
프로펠러	propeller	プロペラ	螺旋桨
생신	birthday (for elders)	誕生日	生辰

17-20과 확인해 봅시다

1. 다음을 읽어 봅시다.

❶ 나는 한옥 마을에서 한복도 입어 보고 떡도 먹어 봤다.

❷ 지하철 안에는 노약자석이 있습니다.

❸ 옥수역에는 예쁜 색이 많습니다.

❹ 파란 바다가 아름다운 지구의 사진도 찍겠습니다.

2. 다음 질문에 답하십시오.

1) 두 어휘가 서로 어울리지 않는 것을 고르십시오. (　　)

❶ 계단 : 올라가다　　❷ 생활 : 자유롭다

❸ 시간 : 알아보다　　❹ 시내 : 전시하다

2) 다음 문장에서 틀린 것을 고르십시오. (　　)

요즘 지하철은 서비스❶도 좋고 시간도 정확하고❷ 사람들이 노약자에게 자리도 잘 양보해❸ 주기 때문에 안전합니다❹.

3) 무엇을 이야기하고 있습니까? 알맞은 것을 고르십시오. (　　)

> 나는 10년 후에 고향에 돌아가서 한국어를 가르치고 싶습니다.

❶ 군데　　❷ 미래　　❸ 언어　　❹ 유리

4) 알맞은 어휘를 고르십시오. (　　)

> 저는 어렸을 때 세계 지도를 보고 여러 나라를 여행하는 것을 (　　　　　)었어요/았어요/였어요.

❶ 상상하다　　❷ 설명하다　　❸ 이용하다　　❹ 이해하다

3. 이 글의 내용과 같은 것을 고르십시오. (　　)

> 교통카드로 돈을 낼 수 있는 택시를 아세요? 이 택시를 타면 현금이 없어도 교통카드로 돈을 낼 수 있습니다. 이제 버스와 지하철 그리고 택시에서 교통카드를 사용하세요.

❶ 택시에서는 현금을 내야 합니다.

❷ 택시에서 교통카드를 살 수 있습니다.

❸ 버스와 지하철을 타려면 교통카드가 있어야 합니다.

❹ 교통카드는 버스, 지하철, 택시에서 쓸 수 있습니다.

4. 다음을 읽고 질문에 답하십시오.

> 나는 요즘 전기자전거를 타고 회사에 다닌다. 처음에는 자동차를 사고 싶었지만 너무 비싸고 전기자전거를 타면 환경도 지킬 수 있기 때문에 전기자전거로 결정했다. 전기자전거는 보통 자전거보다 조금 비싸지만 더 빠르고 편리하다. 자동차는 길이 복잡하면 빨리 갈 수 없지만 전기자전거는 교통이 복잡해도 빨리 갈 수 있어서 출퇴근 시간에 아주 좋다. (㉠) 자전거를 타니까 운동도 할 수 있고 가다가 여기저기 구경도 할 수 있어서 마음에 들었다.
>
> 지난주에는 인터넷에서 찾은 전기자전거 동호회에 들어갔다. 취미가 같은 사람들을 만나서 이야기도 많이 하고 같이 전기자전거를 타니까 더 재미있었다.
> 그렇지만 아직 자전거도로가 없어서 좀 불편하다. 빨리 자전거도로를 만들어서 더 즐겁게 전기자전거를 탈 수 있었으면 좋겠다.

1) 이 글의 내용과 다른 것을 고르십시오. (　　)

❶ 자전거도로가 따로 있어서 편리합니다.

❷ 전기자전거는 보통 자전거보다 더 비쌉니다.

❸ 이 사람은 전기자전거를 타는 것을 좋아합니다.

❹ 길에 차가 많아도 전기자전거는 빨리 갈 수 있습니다.

2) ㉠에 들어갈 알맞은 말을 고르십시오. (　　)

❶ 그럼　　❷ 그래서　　❸ 그리고　　❹ 그런데

3) 여러분이 타 본 교통수단 중에서 특이한 것이 있습니까? 이야기해 봅시다.

제21과 학술정보관

- 여러분은 수업이 끝나고 어디에서 공부를 합니까?
- 학술정보관에 가 봤습니까? 학술정보관에서 무엇을 했습니까?

CD: 41

학술정보관은 올해 새로 문을 연 우리 학교 도서관이다. 새 건물이어서 깨끗하고 이용하기가 편리하다. 컴퓨터로 빈자리를 예약할 수 있고 예약 시간도 정할 수 있다. 그래서 나는 가끔 학술정보관에 가서 숙제를 하거나 인터넷을 한다.

오늘 나는 언어 교환을 하기로 한 한국 친구를 처음 만났다. 우리는 서로 취미에 대해서 물어 봤다. 그 친구는 취미가 영화 감상이어서 시간이 있을 때마다 학술정보관에 가서 영화를 본다고 했다.

"거기에 가면 영화를 볼 수 있어요?"

"네, 2층에 넓은 멀티미디어센터가 있는데 멀티미디어 자료가 많고 원하는 멀티미디어 자료를 컴퓨터로 빨리 찾을 수 있어요. 나는 거기에서 외국어 공부도 하고 음악도 들어요. 가끔 편한 의자에 앉아서 헤드폰을 쓰고 영화도 봐요. 그렇게 하면 스트레스가 풀리는 것 같아요. 학기 중에는 1주일에 두 번 멀티미디어센터 안에 있는 영화감상실에서 무료로 영화를 상영해요. 마이클 씨, 금요일 오후에 영화를 상영하는데 같이 가 볼까요?"

우리는 금요일에 멀티미디어센터에 가서 영화를 보기로 했다.

어휘			
학술정보관	Academy of Information	学術情報舘	学术信息馆
새로	newly	新しく	新
정하다	to settle, to decide	決める	定
멀티미디어센터	Multi-media Center	マルチメディアセンター	多媒体中心
원하다	to want	希望する	想要
헤드폰	headphone	ヘッドホン	耳机
스트레스가 풀리다	to get over stress	ストレスが解消する	消除压力
영화감상실	room to watch movies	映画鑑賞室	电影观赏室
상영하다	to show a movie	上映する	放映

어휘 연습

1. 빈 칸에 알맞은 어휘를 쓰십시오.

새로　　정하다　　상영하다　　스트레스가 풀리다

❶ 학교 앞에 음식점이 (　　　　　　) 생겼는데 가 봅시다.

❷ 맛있는 음식을 먹고 잘 자면 (　　　　　　)을/ㄹ 거예요.

❸ 우리는 약속 장소를 남산공원으로 (　　　　　　)었어요/았어요/였어요.

❹ 요즘 극장에서 (　　　　　　)는/은/ㄴ 영화 중에서 이 영화가 제일 재미있어요.

2. 어울리는 어휘를 찾아서 연결하십시오.

❶ 호텔, 음식점 •　　　　• ㉠ 예매

❷ 영화표, 기차표 •　　　　• ㉡ 예보

❸ 내일 배울 것 •　　　　• ㉢ 예약

❹ 일기 •　　　　• ㉣ 예습

질문

1. 학술정보관이 어떻습니까?

2. 멀티미디어센터에서 무엇을 할 수 있습니까?

3. 앞 글의 내용과 같으면 O, 다르면 X 하십시오.

❶ 멀티미디어센터에서 싸게 영화를 볼 수 있습니다. (　　)

❷ 멀티미디어센터에서는 날마다 영화를 보여 줍니다. (　　)

❸ 마이클 씨는 아직 학술정보관에 가 본 적이 없습니다. (　　)

❹ 학술정보관 근처에 멀티미디어센터가 있어서 편리합니다. (　　)

4. 다음은 앞 글을 요약한 글입니다. 빈 칸에 알맞은 어휘를 쓰십시오.

마이클 씨는 오늘 처음 (　　　　)을/를 하는 친구를 만났습니다. 그 친구의 취미는 (　　　　)입니다. (　　　　)은/는 올해 새로 문을 연 도서관입니다. 2층에는 (　　　　)이/가 있습니다. 그 안에 있는 (　　　　)에서는 무료로 영화를 상영합니다. 마이클 씨와 그 친구는 이번 주 (　　　　)에 거기에서 같이 영화를 볼 겁니다.

5. 여러분은 도서관에 어떤 시설이 있었으면 좋겠습니까?

더 공부해 봅시다

○ 다음은 도서관을 소개하는 글입니다. 읽고 질문에 답하십시오.

남산도서관 남산도서관은 남산에 있는 오래된 도서관이다. 다양한 자료실이 있는데 특히 옛날 책들이 많다. 남산에 있어서 공기도 좋고 경치도 아름답다. 여러 가지 문화 수업을 자주 한다.

국립중앙도서관 국립중앙도서관은 한국에서 가장 큰 도서관이다. 안에 디지털도서관이 있는데 시설이 아주 좋다. 컴퓨터도 많고 여러 나라 언어로 자료를 찾을 수 있어서 외국인들이 이용하기 좋고 영화도 무료로 볼 수 있다.

정독도서관 정독도서관은 서울시립도서관이다. 근처에 작은 미술관과 예쁜 커피숍이 많고 도서관의 정원이 아름다워서 산책이나 데이트를 하러 오는 사람들이 많다.

1. 여러분은 어느 도서관에 가 보고 싶습니까?

2. 여러분이 소개하고 싶은 도서관이 있습니까?

읽어 봅시다 [CD: 42]

콧소리 2 /ㄴ/, /ㅁ/ 앞의 [ㄷ] → [ㄴ]

- 있나요[읻나요 → 인나요] 거기에 가면 영화를 볼 수 있나요?
- 있는[읻는 → 인는] 멀티미디어센터 안에 있는 영화감상실에서 무료로 영화를 상영해요.
- 닫는다[닫는다 → 단는다] 남산도서관은 10시에 문을 닫는다.
- 끝나고[끋나고 → 끈나고] 수업이 끝나고 점심을 먹었습니다.
- 장미꽃만[장미꼳만 → 장미꼰만] 미선 씨는 장미꽃만 좋아합니다.

자료실	database room	資料室	资料室
국립중앙도서관	National Central Library	国立中央図書館	国立中央图书馆
디지털도서관	digital library	デジタル図書館	电子图书馆
시립도서관	Seoul City Library	ソウル市立図書館	首尔市立图书馆
정원	garden	庭	花园

제22과 서비스가 좋은 은행

- 은행에서 무엇을 합니까?
- 한국에서 은행에 가 본 적이 있습니까? 무엇을 하러 갔습니까?

CD: 43

저는 어제 통장을 만들려고 학교에 있는 은행에 갔어요. 은행 안은 사람이 많아서 좀 복잡했어요. 제가 번호표를 뽑아야 하는 것을 모르고 그냥 창구 앞에 서서 기다리니까 은행 안내원이 번호표를 뽑아서 줬어요. 번호표를 보니까 제 앞에 기다리는 사람이 20명쯤 있었어요. 기다리는 것이 지루할 것 같았는데 기다리는 동안 잡지도 보고 텔레비전 뉴스도 보니까 시간이 빨리 갔어요. 의자에 앉아서 잡지를 보다가 제 차례가 돼서 창구로 갔어요. 창구에 가니까 사탕이 많이 있었어요. 직원이 사탕을 권해서 하나 먹었어요.

통장을 만들려면 외국인등록증이 있어야 하는데 저는 외국인등록증을 안 가지고 갔어요. 은행 직원은 친절하게 "외국인등록증이 없으면 학생증과 여권을 보여 주세요." 하고 말했어요. 저는 학생증과 여권을 보여 줬어요. 그리고 서류에 이름과 연락처를 적고 서명을 했어요. 저는 현금카드가 필요해서 현금카드도 같이 신청했어요. 조금 기다리니까 통장과 현금카드가 모두 나왔어요.

저는 한국말을 잘 못해서 걱정했는데 쉽게 통장과 현금카드를 만들 수 있어서 기분이 좋았어요. 직원이 친절하고 일을 생각보다 빨리 처리해 줬어요. 한국의 은행은 서비스가 좋은 것 같아요.

어휘			
서다	to stand	立つ	站
지루하다	to be boring, to be bored	退屈する, 退屈だ	无聊
차례	one's turn	順番	次序
직원	staff	職員	职员
권하다	to recommend	勧める	劝
연락처	place or number to reach	連絡先	联系方式
현금카드	cash card	キャッシュカード	现金卡

어휘 연습

1. 빈 칸에 알맞은 어휘를 쓰십시오.

직원 차례 권하다 지루하다

❶ 영화가 ( )어서/아서/여서 보다가 나왔어요.

❷ 저는 손님이 집에 오면 음식을 많이 ( )습니다/ㅂ니다.

❸ 제가 다니는 회사는 ( )이/가 천 명이 넘는 아주 큰 회사입니다.

❹ 다음은 영수 씨 ( )이니까/니까 준비하고 있다가 앞에 들어간 사람이 나오면 들어가세요.

2. 빈 칸에 모두 어울리는 어휘를 쓰십시오. ( )

❶ 은행에 들어가면 먼저 번호표를 .... 으세요/세요.

❷ 저는 어제 병원에 가서 이를 .... 었어요/았어요/였어요.

❸ 흰 머리가 나서 저는 흰 머리를 .... 었어요/았어요/였어요.

❹ 우리는 똑똑한 마이클을 반장으로 .... 었어요/았어요/였어요.

질문

1. 이 사람이 간 은행은 어땠습니까?

2. 이 사람은 은행에 무엇을 가지고 갔습니까?

3. 앞 글의 내용과 같으면 O, 다르면 X 하십시오.

① 이 사람은 은행에서 현금카드를 받았습니다. ( )

② 이 사람은 어제 돈을 찾으려고 은행에 갔습니다. ( )

③ 이 사람은 은행에서 직접 번호표를 뽑았습니다. ( )

④ 이 사람은 외국인등록증이 없어서 다시 집에 갔다가 왔습니다. ( )

4. 이 사람이 어제 은행에서 한 일입니다. 순서대로 번호를 쓰십시오.

① 잡지를 봤다.

② 사탕을 먹었다.

③ 번호표를 받았다.

④ 현금카드를 받았다.

⑤ 창구 앞에 서서 기다렸다.

⑥ 직원에게 여권을 보여 줬다.

(⑤) → ( ) → ( ) → ( ) → ( ) → ( )

5. 여러분 나라의 은행과 한국의 은행은 무엇이 다릅니까?

더 공부해 봅시다

- 다음은 현금자동인출기로 출금하는 방법입니다. 읽고 순서대로 번호를 쓰십시오.

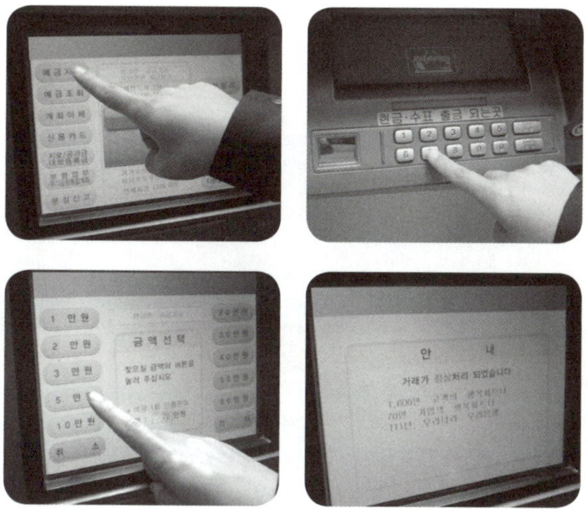

❶ 원하시는 거래를 선택하십시오.
❷ 카드 또는 통장을 넣으십시오.
❸ 비밀번호를 누르십시오.
❹ 지금 처리중입니다. 잠시만 기다려 주십시오.
❺ 원하시는 금액 버튼을 누르십시오.
❻ 감사합니다. 또 이용해 주십시오.
❼ 거래가 정상 처리되었습니다. 카드와 명세표를 받으시면 현금이 나옵니다.
❽ 명세표를 받으시겠습니까? (네, 아니요)

(❶) → (❷) → (　　) → (　　) → (　　) → (　　) → (　　) → (❻)

읽어 봅시다 [CD: 44]

콧소리 3　/ㄴ/, /ㅁ/ 앞의 [ㄱ] ➡ [ㅇ]

- 한국말[한궁말]　　저는 한국말을 잘 못해서 걱정했습니다.
- 2학년[이항년]　　제 동생은 대학교 2학년이에요.
- 먹는[멍는]　　이것은 어떻게 먹는 음식입니까?
- 박물관[방물관], 찍는[찡는]　　박물관 앞에서 사진을 찍는 사람이 많습니다.
- 작년[장년]　　저는 작년에 한국에 왔어요.

현금자동인출기	ATM	ATM	自动存取款机
출금하다	to withdraw	出金する	取钱
잠시만	for a moment	暫く	一会儿
금액	amount	金額	金额
거래	dealings, transaction	取引	交易
정상	normalcy, good condition	正常	正常
명세표	itemized account, specific tag	明細票	取款凭条

제23과 요가 배우기

- 여러분은 취미로 무엇을 배웁니까? 어디에서 배웁니까?
- 한국에서 문화센터에 가 봤습니까?

CD: 45

저는 한국에 사는 동안 한국 사람들도 많이 만나고 한국에 대해서 많이 배우고 싶었습니다. 그래서 어떻게 하면 좋을지 방법을 찾고 있었습니다. 그런데 얼마 전에 버스 정류장에서 서대문구청의 문화 프로그램을 소개하는 광고를 봤습니다. 그 광고에는 '전통 무용', '가야금', '떡케이크 만들기' 같은 프로그램이 있었습니다.

저는 아주 기뻐서 서대문구청의 문화회관에 직접 찾아갔습니다. 그곳의 프로그램은 한 달에 2만 원~6만 원 정도로 값도 별로 비싸지 않았습니다. 배우고 싶은 것이 많았지만 제가 아직 한국말이 서투르기 때문에 우선 요가를 신청하기로 했습니다. 요가는 선생님의 말씀을 잘 몰라도 다른 학생들을 보고 따라 할 수 있으니까 어렵지 않을 것 같았습니다.

제가 신청한 요가 수업은 화요일과 목요일 저녁에 한 시간 동안 합니다. 같이 요가를 하는 아주머니들은 운동을 아주 좋아하는 것 같습니다. 그리고 이야기하는 것도 좋아해서 저에게 말을 많이 겁니다.

요즘 한국에서 유행하고 있는 요가를 배우고 아주머니들과 여러 가지 이야기도 많이 하니까 한국이 더 가까워지는 것 같습니다. 요가를 배운 후에는 한국의 전통 문화도 배웠으면 좋겠습니다.

어휘			
요가	yoga	ヨガ	瑜伽
문화센터	cultural center	カルチャーセンター	文化中心
광고	advertisement	広告	广告
무용	dance	舞踊	舞蹈
가야금	Gayageum, traditional Korean instrument	伽倻琴 (韓国固有の弦楽器)	伽倻琴
문화회관	cultural center	文化会館	文化会馆
서투르다	to be poor at	下手だ, つたない	不熟练
따라 하다	to copy	真似する	跟着做
말을 걸다	to talk to	話しかける	(给别人)拉话
유행하다	to be popular	流行する	流行

어휘 연습

1. 빈 칸에 알맞은 어휘를 쓰십시오.

광고　　따라 하다　　서투르다　　유행하다

❶ 요즘 (　　　　　)는/은/ㄴ 머리 모양으로 잘라 주세요.

❷ 그 발음은 어려워서 학생들이 (　　　　　)기 어려워해요.

❸ 운전을 배운 지 얼마 안 돼서 운전이 아직 (　　　　　)어요/아요/여요.

❹ 제가 좋아하는 가수가 나오는 (　　　　　)을/를 보고 물건을 샀는데 생각보다 별로 좋지 않았어요.

2. 그림을 보고 다음과 같이 알맞게 쓰십시오.

❶ 

: 저는 그 친구와 친해지고 싶어서 먼저 말을 ~~을/를~~ 걸었어요.

❷ 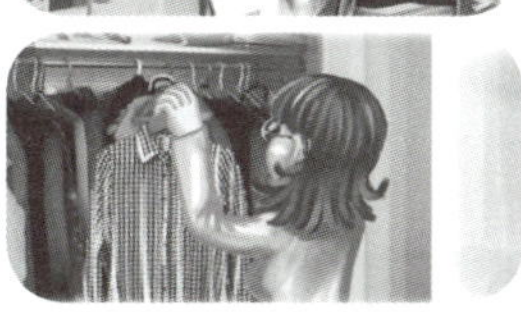

: 저는 .... 을/를 걸었어요.

❸ 

: 저는 .... 을/를 걸었어요.

❹ 

: 저는 .... 을/를 걸었어요.

YONSEI KOREAN READING 2

질문

1. 이 사람은 언제, 어디에서 요가를 배웁니까?

2. 이 사람은 여러 가지 프로그램 중에서 왜 요가를 신청했습니까?

3. 앞 글의 내용과 같으면 O, 다르면 X 하십시오.

❶ 이 사람은 전통 무용도 배우고 있습니다. (   )

❷ 서대문구청의 문화 프로그램은 값이 쌉니다. (   )

❸ 이 사람은 일주일에 두 번 요가를 배웁니다. (   )

❹ 이 사람은 친구한테서 문화회관을 소개받았습니다. (   )

4. 앞 글을 읽고 다음 문장을 완성하십시오.

❶ 저는 .... 습니다/ㅂ니다.

❷ 서대문구청의 문화회관 프로그램은 .... 었습니다/았습니다/였습니다.

❸ 요가는 .... 었습니다/았습니다/였습니다.

❹ 요가 수업은 .... 습니다/ㅂ니다.

5. 여러분 고향의 구청에서는 어떤 일을 합니까?

더 공부해 봅시다

○ 다음은 문화회관 이용에 대해서 안내하는 글입니다. 읽고 질문에 답하십시오.

– 서대문구 문화회관 이용 안내 –

1. 수강 안내
▶ 개강은 2월, 5월, 8월, 11월이고 수강 신청은 개강 전 1월, 4월, 7월, 10월에 받습니다.
▶ 수업 기간은 12주이고 공휴일에는 수업을 하지 않습니다.
▶ 수강 신청은 선착순입니다.
▶ 수업에 필요한 교재와 준비물 값은 따로 내셔야 합니다.

2. 수강 신청 방법
▶ 장소 : 서대문구 문화회관 1층 안내데스크
▶ 시간 : 오전 9시부터 오후 6시까지 (월~토)

★인터넷으로도 수강 신청을 할 수 있습니다.

1. 이곳의 수업은 일 년에 몇 번 개강합니까? 한 학기 수업은 얼마 동안 합니까?

2. 이곳의 수업을 어떻게 신청할 수 있습니까?

읽어 봅시다 [CD: 46]

콧소리 4 /ㄴ/, /ㅁ/ 앞의 [ㅂ] → [ㅁ]

- 합니다[함니다] 요가 수업은 저녁에 한 시간 동안 합니다.
- 이십 년[이심년] 우리 가족은 이 동네에서 이십 년 살았어요.
- 없는[엄는], 없나요[엄나요] 자리가 없는 사람은 없나요?
- 밥맛이[밤마시] 운동을 하니까 밥맛이 아주 좋습니다.
- 십만 원[심마눤] 이 가방은 십만 원 주고 샀어요.

수강	taking a course	受講	上课
개강	beginning of a course	開講	开课
기간	term, period	期間	期间
선착순	on a first-come-first-served basis	先着順	先后顺序
교재	textbook	教材	教材
안내데스크	information desk	案內窓口	咨询窗口

제24과 자원봉사

- 자원봉사에는 어떤 일들이 있습니까?
- 자원봉사를 하면 무엇이 좋습니까?

CD: 47

한국 생활에 익숙해지기는 했지만 나는 요즘 게을러지는 것을 느낀다. 오늘도 특별히 한 일이 없이 시간을 보냈다. 친구들과 커피를 마신 후에 옷가게를 구경했다. 기숙사 친구에게 이런 이야기를 하니까 친구는 자원봉사에 대해서 이야기해 주었다.

"서울시 자원봉사센터에는 외국인 자원봉사 프로그램이 많아. 나는 요즘 주민 센터 도서관에서 책을 대출해 주는 일을 하고 있어."

나는 '아직 한국말을 잘 못하는데 할 수 있을까?' 하고 걱정이 됐지만 인터넷에서 자원봉사에 대한 자료를 찾아봤다. 노인들에게 점심을 나눠 드리는 일도 있고 아이들에게 영어를 가르치는 일도 있었다. 자원봉사는 어려운 사람들을 도와주는 일이지만 사실 내가 배우는 것이 더 많고 서로 나누는 기쁨도 클 것 같았다.

나는 일주일에 한 번 양로원에 계신 할머니와 할아버지를 찾아가서 이야기를 해 드리는 일부터 해 보려고 한다. 내가 외국인이기는 하지만 어려운 노인들과 한 가족 같이 지냈으면 좋겠다.

우리나라에서도 자원봉사를 해 본 적이 없는 내가 한국에서 그런 일을 할 수 있을지 모르겠다. 그래도 내일은 서울시 자원봉사센터에 한번 가 보려고 한다.

어휘			
자원봉사	volunteering	ボランティア	志愿服务
게으르다	to be lazy	怠ける	懒惰
특별히	specially	特に	特别
자원봉사센터	volunteer center	ボランティアセンター	志愿服务中心
주민 센터	community service center	住民センター	居民中心
사실	in fact	実際	其实
서로	with each other	お互い	互相
양로원	nursing home	老人ホーム	养老院

어휘 연습

1. 빈 칸에 알맞은 어휘를 쓰십시오.

양로원　　사실　　서로　　게으르다

❶ 그 친구와 저는 힘든 일이 있을 때 (　　　　　) 잘 도와줘요.

❷ 제 친구는 (　　　　　)어서/아서/여서 청소를 안 하기 때문에 방이 항상 더러워요.

❸ 이건 비싼 것 같지만 (　　　　　) 백화점에서 70%나 세일을 해서 싸게 산 것이에요.

❹ 우리 회사 직원들은 한 달에 한 번 (　　　　　)에 가서 할아버지와 할머니들을 도와 드립니다.

2. 빈 칸에 알맞은 어휘를 쓰십시오.

급히　　열심히　　천천히　　특별히

제 머리가 (　　　　　) 좋은 것은 아니지만 (　　　　　) 공부하니까 이제는 한국말을 잘 하게 됐어요. 아직 말할 때는 (　　　　　) 하지만 날마다 연습하니까 더 잘 할 수 있을 거예요. 밥을 먹을 때 (　　　　　) 먹으면 건강에 좋지 않지요? 공부할 때도 너무 빨리 잘 하려고 하는 것보다 날마다 쉬지 않고 연습하는 것이 제일 중요한 것 같아요.

질문

1. 자원봉사를 하면 무엇이 좋을 것 같습니까?

2. 이 사람은 먼저 어떤 일을 해 보려고 합니까?

3. 앞 글의 내용과 같으면 O, 다르면 X 하십시오.

❶ 이 사람은 한국말을 잘 합니다. (　　)

❷ 이 사람의 친구는 기숙사에 삽니다. (　　)

❸ 이 사람은 여러 가지 자원봉사를 하고 있습니다. (　　)

❹ 한국어를 잘 못해도 자원봉사를 할 수 있습니다. (　　)

4. 인터넷에서 어떤 자원봉사를 찾아 봤습니까?

❶ ....

❷ ....

5. 여러분은 어떤 자원봉사를 하고 싶습니까?

더 공부해 봅시다

○ 다음은 자원봉사를 안내하는 글입니다. 읽고 질문에 답하십시오.

8월 자원봉사 안내

연세가 많으신 할아버지, 할머니와 함께 여러 가지 즐거운 활동을 하고 싶은 분을 찾습니다!

08:30	신촌대학교 정문 앞에 모여서 출발
09:00~10:00	사랑양로원 도착·할아버지, 할머니께 인사·함께 노래 부르기
10:00~12:00	함께 요가하기
12:00~1:00	식사 도와드리기
1:00~2:00	종이접기 – 종이로 함께 인형 만들기
2:00~2:30	선물 드리기·사진 찍기
2:30~4:00	양로원 청소하기

- 위 치 : 서울시 서대문구 신촌동 사랑양로원
  (지하철 2호선 신촌 지하철역에서 걸어서 15분 거리)
- 일 시 : 8월 22일 일요일 오전 9:00~오후 4:00
  (신촌대학교 정문 앞에 8:30에 모여서 출발)
- 연락처 : 전화 02)2123-3476이나 이메일 volunteer@shincon.ac.kr로 연락하시기 바랍니다.

자원봉사를 하고 싶은 분은 먼저 자원봉사 교육을 받아야 합니다. 자원봉사 교육을 받고 싶은 분은 8월 20일 금요일 오후 3시까지 **신촌대학교 학생회관**으로 오세요.

1. 이 자원봉사를 하려면 먼저 무엇을 해야 합니까?

2. 이 자원봉사는 누구를 도우려고 하는 것입니까?

읽어 봅시다 [CD: 48]

콧소리 5 /ㅁ/, /ㅇ/ 뒤에서 [ㄹ] → [ㄴ]

- 양로원[양노원] — 나는 양로원에 가서 이야기를 해 드리는 일을 하려고 한다.
- 정류장[정뉴장] — 우리는 버스 정류장에서 만나기로 했다.
- 종류[종뉴] — 그 가게에는 여러 가지 종류의 물건이 많습니다.
- 종로[종노] — 다음 역은 종로 3가입니다.
- 음료수[음뇨수] — 날씨가 더우니까 음료수를 많이 마셔요.

모이다	to gather	集まる	集合
교육	education	教育	教育

21-24과 확인해 봅시다

1. 다음을 읽어 봅시다.

❶ 거기에 가면 영화를 볼 수 있나요?

❷ 저는 한국말을 잘 못해서 걱정했습니다.

❸ 요가 수업은 저녁에 한 시간 동안 합니다.

❹ 나는 양로원에 가서 이야기를 해 드리는 일을 하려고 한다.

2. 다음 질문에 답하십시오.

1) 두 어휘가 서로 어울리지 않는 것을 고르십시오. (　　)

❶ 말 : 걸다　　❷ 줄 : 서다

❸ 스트레스 : 뽑다　　❹ 약속 시간 : 정하다

2) '영화' 와 같이 쓸 수 없는 말을 고르십시오. (　　)

❶ 찍다　　❷ 감상하다

❸ 상영하다　　❹ 편리하다

3) 무엇에 대해서 이야기하고 있습니까? 알맞은 것을 고르십시오. (　　)

> 저는 토요일마다 양로원에 가서 노인들께 음식도 만들어 드리고 빨래도 해 드립니다.

❶ 수강 신청　　❷ 요리 수업　　❸ 입출금　　❹ 자원봉사

4) 알맞은 어휘를 고르십시오. (　　)

> 여기저기에서 많은 사람들이 그 노래를 부르고 그 노래 CD를 삽니다.
> 요즘 그 노래가 (　　　　　)고 있습니다.

❶ 원하다　　❷ 게으르다　　❸ 유행하다　　❹ 지루하다

3. 다음의 내용과 같은 것을 고르십시오. ( )

박물관에서는 하루에 세 번(10시, 1시, 4시) 안내원과 함께 박물관을 구경할 수 있습니다. 그리고 2시 반부터 3시 반까지 1시간 동안은 영어로 설명을 들을 수 있습니다. 65세 이상의 노인들은 무료로 들어갈 수 있습니다. 이촌역에서 내려서 5분쯤 걸어오면 박물관에 도착할 수 있습니다. 박물관 안에서는 사진을 찍으면 안 됩니다.

❶ 67세 노인은 돈을 조금 냅니다.

❷ 박물관 안에서는 사진 촬영을 할 수 없습니다.

❸ 4시에 박물관에서 영어 설명을 들을 수 있습니다.

❹ 박물관에 가려면 이촌역에서 지하철을 갈아타야 합니다.

4. 다음을 읽고 질문에 답하십시오.

2008년 1월 23일에 문을 연 서울 글로벌센터는 시청 근처에 있는데 서울에 사는 외국인들에게 많은 도움을 주는 곳이다. 교육 프로그램, 문화 프로그램, 자원봉사 프로그램 등 여러 가지 프로그램이 있어서 원하는 프로그램을 신청할 수 있다. 평일 9시부터 18시까지 이용할 수 있고 외국어를 할 수 있는 직원들의 도움을 받을 수 있다.

서울시 5개 지역(연남, 역삼, 서래, 이촌, 이태원)에는 글로벌빌리지센터가 있다. 연남 글로벌빌리지센터에서는 지난 16일에 만두 만들기 행사가 있었다. 만두는 한국과 중국의 대표적인 잔치 음식이다. 이날 사람들은 한국과 중국의 전통 만두를 같이 만들어서 나눠 먹고, 만두 3천 개를 만들어서 어려운 사람들에게 나눠줬다.

1) 이 글의 내용과 다른 것을 고르십시오. ( )

❶ 서울 글로벌센터는 시청 근처에 있습니다.

❷ 서울 글로벌센터는 토요일에도 문을 엽니다.

❸ 서울 글로벌센터에는 자원봉사 프로그램이 있습니다.

❹ 외국인들은 서울 글로벌센터에서 도움을 받을 수 있습니다.

2) 연남 글로벌빌리지센터에서는 지난 16일에 무엇을 했습니까?

3) 여러분은 글로벌센터나 글로벌빌리지센터에 어떤 프로그램이 더 있었으면 좋겠습니까?

제25과 미영 씨와의 전화

- 소개팅을 한 적이 있습니까?
- 소개팅을 한 후에 다시 만나고 싶으면 어떻게 연락하겠습니까?

CD: 49

지난주에 한국 친구가 나에게 미영 씨를 소개해 줬다. 나는 모르는 여자를 만나는 것이 겁이 났다. 미영 씨를 처음 만났을 때 너무 떨리고 한국말도 생각이 안 나서 실수를 많이 했다. 그런데 미영 씨와 헤어진 후에 나는 자꾸 미영 씨가 생각났다. 미영 씨를 다시 만나고 싶었지만 어떻게 연락을 해야 할지, 무슨 말을 어떻게 해야 할지 몰라서 오늘도 한참 생각했다.

'지금 전화를 할까? 저녁에 문자를 보낼까?'

'금요일에 만날까? 아니면 토요일에 만날까?'

'영화를 보자고 할까? 아니, 오페라를 보자고 할까?'

"따르릉"

갑자기 전화가 왔다.

"여보세요?"

"여보세요? 피터 씨, 저 김미영인데요."

"아! 미영 씨, 우리 영화 보러 갈래요?"

나는 깜짝 놀라서 인사도 안 하고 영화를 보러 가자고 했다. 전화기에서 미영 씨의 웃는 소리가 들렸다. 미영 씨의 목소리는 정말 부드러웠다. 나는 부끄러웠지만 행복했다.

어휘			
소개팅	blind date	知人や友人からの紹介で交際を目的に男女が会うこと	别人代为安排的男女初次会面
떨리다	to be nervous	(緊張で)震える	发抖
실수	mistake	失敗	失误
자꾸	repeatedly	しょっちゅう	反复地
한참	for awhile	暫くの間	好一阵子
오페라	opera	オペラ	歌剧
갑자기	unexpectedly	急に	突然
들리다	to be heard	聞こえる	听见
부드럽다	to be soft	やさしい	温柔
부끄럽다	to be embarrassed	恥ずかしい	不好意思

어휘 연습

1. 빈 칸에 알맞은 어휘를 쓰십시오.

들리다　　떨리다　　부끄럽다　　부드럽다

❶ 저는 제일 뒤에 앉아서 선생님 말씀이 잘 (　　　　　　)지 않습니다.

❷ 이 아이스크림은 우유가 많이 들어 있어서 아주 (　　　　　　)고 맛있습니다.

❸ 저는 여러 사람들 앞에서 노래를 할 때 너무 (　　　　　　)어서/아서/여서 잘 못 불렀어요.

❹ 저는 오늘 계단에서 내려가다가 넘어졌을 때 (　　　　　　)어서/아서/여서 얼굴이 빨개졌습니다.

2. 빈 칸에 알맞은 어휘를 쓰십시오.

기쁘다　　즐겁다　　재미있다　　행복하다

❶ 그 두 사람은 결혼해서 (　　　　　　)게 오래오래 잘 살았습니다.

❷ 그 사람은 아는 것이 많아서 같이 이야기할 때 (　　　　　　)어요/아요/여요.

❸ 저는 한국에서 친구도 많이 사귀고 공부도 재미있어서 아주 (　　　　　　)게 지냅니다.

❹ 생신 선물을 드리니까 어머니는 아주 (　　　　　　)어하셨습니다/아하셨습니다/여하셨습니다.

질문

1. 누가 누구에게 전화를 했습니까?

2. 피터 씨는 왜 부끄러워했습니까?

3. 앞 글의 내용과 같은 것을 고르십시오. (   )

① 피터 씨는 미영 씨와 자주 연락합니다.

② 피터 씨는 전화가 와서 깜짝 놀랐습니다.

③ 피터 씨는 오페라보다 영화를 좋아합니다.

④ 피터 씨는 미영 씨의 전화를 기다렸습니다.

4. 앞 글에서 이 사람의 성격에 대해서 알 수 있는 문장을 찾아서 쓰십시오.

① 모르는 여자를 만나는 것이 겁이 났다.

②

③

④

⑤

5. 이 두 사람은 잘 어울리는 것 같습니까? 왜 그렇게 생각합니까?

더 공부해 봅시다

- 다음은 문자 메시지입니다. 읽고 질문에 답하십시오.

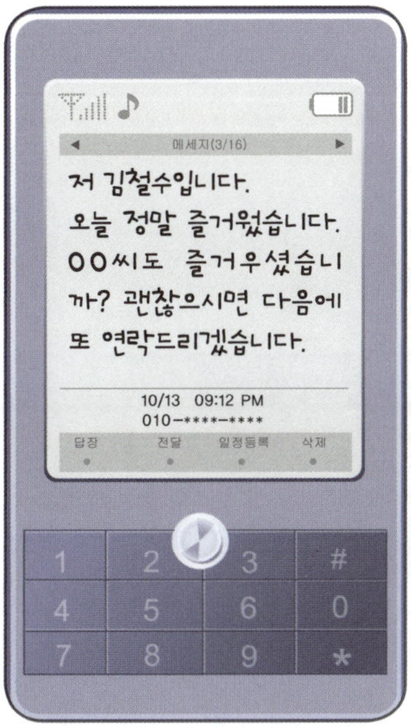

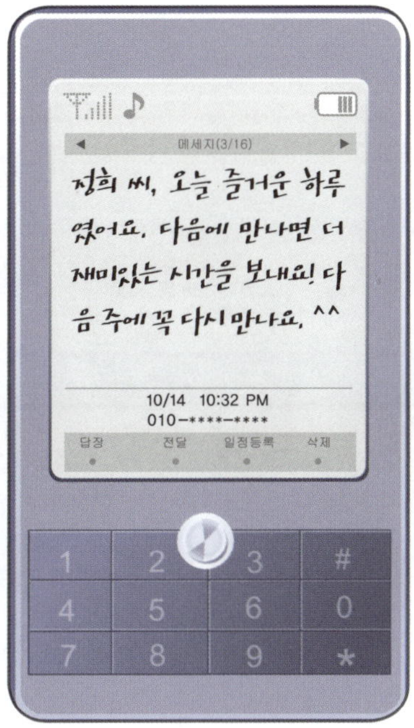

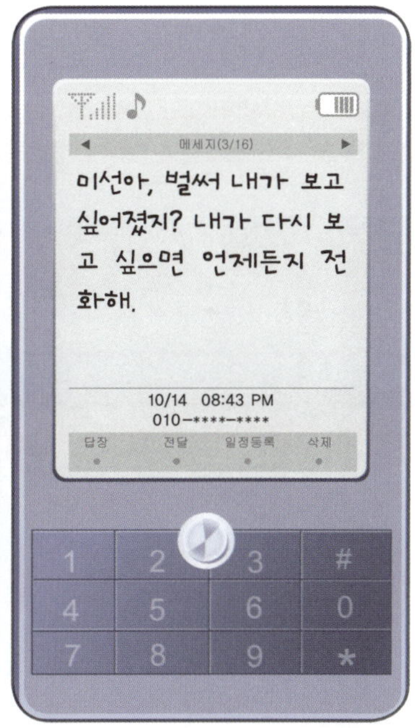

1. 여러분은 어느 메시지가 마음에 듭니까? 이유는 무엇입니까?

2. 여러분이 고른 문자 메시지에 답장을 써 보십시오.

읽어 봅시다 [CD: 50]

흐름소리 1 /ㄹ/의 앞에서 [ㄴ] → [ㄹ]

- 연락[열락] 어떻게 연락을 해야 할지 몰라서 한참 생각했다.
- 신랑[실랑] 신랑, 신부가 행복하게 잘 살기를 바랍니다.
- 편리[펼리] 교통이 편리한 곳으로 이사했어요.
- 신라[실라] 경주는 신라 시대의 수도입니다.
- 관람[괄람] 오늘이 전시회 마지막 날이어서 관람하려고 온 사람이 많다.

제26과 전화 예약

- 전화로 무엇을 예약할 수 있습니까?
- 전화로 예약하기가 어떻습니까?

CD: 51

오랜만에 유코에게서 전화가 왔다. 유코는 이번 방학에 한국에 오겠다고 했다. 유코가 나에게 한국말이 많이 늘었냐고 해서 나는 물론이라고 했다.

유코가 같이 여행할 수 있냐고 해서 나는 유코에게 제주도에 가자고 했다. 그리고 비행기 표 예매와 호텔 예약은 내가 한국에서 하겠다고 했다. 나는 여행사에 전화를 하기 전에 학교에서 배운 여러 가지 표현을 연습했다.

나는 여행사에 전화를 걸어서 먼저 제주도행 비행기 표가 얼마냐고 물어봤다. 그러니까 여행사 직원이 나에게 일본 사람이냐고 했다. 그 사람은 내가 일본 사람인지 어떻게 알았을까? 내 발음이 이상한가? 발음 연습을 더 열심히 해야겠다. 나는 전화로 이야기하니까 무슨 말인지 이해하기가 어려웠다. 여행사 직원이 뭐라고 물었는데 나는 잘 몰라서 답답했다. 전화로 예약하는 것이 힘들어서 여행사에 직접 가겠다고 했다. 내가 여행사가 어디에 있냐고 물으니까 신촌에 있다고 하는 것 같았다. 나는 '시청' 인지, '신촌' 인지 다시 한 번 물어봤다.

사람들과 한국말로 이야기할 때 어렵지 않았기 때문에 나는 전화로 예약하는 것도 자신이 있었다. 그런데 전화로 통화하는 것은 직접 만나서 이야기하는 것보다 어려웠다. 유코가 오기 전에 한국말 연습을 많이 해야겠다.

어휘			
늘다	to improve	上達する	进步
물론이다	to be a matter-of-course	もちろんだ	当然
표현	expression	表現	表达
-행	bound for	-行き	去……的
이상하다	to be strange	変だ	奇怪
답답하다	to feel stuck, frustrated	もどかしい	烦闷
자신이 있다	to be confident	自信がある	有自信

어휘 연습

1. 빈 칸에 알맞은 어휘를 쓰십시오.

답답하다 물론이다 이상하다 자신이 있다

❶ 이 방은 좁고 창문이 없어서 ( )어요/아요/여요.

❷ 그 노래는 많이 연습해서 잘 부를 ( )어요/아요/여요.

❸ 선생님이 숙제를 해 가지고 왔냐고 하셔서 ( )이라고/라고 했어요.

❹ 가을에는 보통 날씨가 좋은데 이번 가을에는 ( )게 비가 자주 와요.

2. 빈 칸에 모두 어울리는 어휘를 쓰십시오. ( )

❶ 물건 값을 내리니까 손님이 .... 었습니다/았습니다/였습니다.

❷ 아르바이트 시간이 2시간에서 4시간으로 .... 었습니다/았습니다/였습니다.

❸ 맛있는 음식을 많이 먹어서 몸무게가 .... 었습니다/았습니다/였습니다.

❹ 기숙사 방 친구가 미국 사람이어서 저는 영어가 많이 .... 었습니다/았습니다/였습니다.

질문

1. 한국말로 전화하기가 어땠습니까?

2. 여행사 직원은 왜 이 사람에게 일본 사람이냐고 했을까요?

3. 앞 글의 내용과 같으면 O, 다르면 X 하십시오.

❶ 이 사람은 학교에서 한국말을 배웁니다. ( )

❷ 이 사람은 혼자 제주도에 가고 싶어합니다. ( )

❸ 이 사람은 전화를 걸어서 예약을 했습니다. ( )

❹ 비행기 표 예매와 호텔 예약은 한국에서 할 것입니다. ( )

4. 앞 글을 읽고 맞게 연결하십시오.

❶ "한국말이 늘었어?" •	• ㉠ "제주도에 가자."
❷ "같이 여행할래?" •	• ㉡ "여기는 신촌이에요."
❸ "제주도행 비행기 표가 얼마예요?" •	• ㉢ "물론이야."
❹ "여행사가 어디에 있어요?" •	• ㉣ "일본 사람이세요?"

5. 여러분은 전화로 이야기할 때 무엇이 어렵습니까?

더 공부해 봅시다

- 다음은 공연 안내를 하는 글입니다. 읽고 예매하는 전화를 해 봅시다.

어머니, 아버지, 누나, 동생, 누구든지 좋아하는 인기 가수!

30년 동안 우리 모두와 함께 노래한 가수, 김수지!

하늘에서 내려온 목소리로 행복을 노래하는 대한민국의 대표 가수 김수지의 공연이 시작됩니다.
이번 무대에서는 사랑의 노래들을 감상하실 수 있습니다.
무더운 여름을 김수지의 공연과 함께 시원하게 보내십시오.

전화 예매 : 02) 2123-**

일　시 : 2011년 8월 4일 (토요일), 8월 5일 (일요일) 오후 7:00 ~ 9:00
장　소 : 연세문화회관 콘서트장
입장료 : R석 ₩60,000　S석 ₩50,000　A석 ₩40,000
학생 30% 할인 (A석, 학생증이 있어야 함), 3인 가족 20% 할인, TT 카드 30% 할인

가 : 여보세요?
나 : 네, 예매센터입니다. 뭘 도와드릴까요?
가 : 김수지 공연을 예매하고 싶은데요.
나 : 며칠 공연을 원하십니까?
가 : ....
나 : ....
가 : ....
나 : ....
가 : ....
나 : ....

읽어 봅시다 [CD: 52]

흐름소리 이음 /ㄹㄹ/

- 물론　　한국말이 많이 늘었냐고 해서 물론이라고 했다.
- 걸려요　　집에서 학교까지 걸어서 20분쯤 걸려요.
- 몰라서　　여행사 직원이 뭐라고 물었는데 잘 몰라서 답답했다.
- 빨래, 말려서　　빨래를 잘 말려서 아래 서랍에 넣으세요.
- 빨리, 부를래요?　　이 노래를 좀 더 빨리 부를래요?

대표	representative	代表	代表的
무대	stage	舞台	舞台
콘서트장	concert hall	コンサート会場	音乐会会场
-석	seat	-席	-席
예매센터	booking office	予約センター	预订中心

제27과 부모님과의 화상 통화

- 부모님과 친구에게 무엇으로 연락합니까?
- 인터넷 화상 통화의 좋은 점은 무엇입니까?

CD: 53

저는 한국에 온 지 한 달쯤 됐습니다. 유학 생활이 재미있기는 하지만 가끔 외로울 때가 있습니다.

저는 외로울 때마다 인터넷으로 부모님과 화상 통화를 합니다. 인터넷 화상 통화는 소리도 잘 들리고 화면도 커서 아주 좋습니다. 한국 생활이 힘들거나 부모님이 보고 싶을 때 화상 통화를 하면 기분이 좋아집니다. 화상 통화를 할 때는 부모님이 바로 옆에 계시는 것 같습니다. 부모님은 제 한국 생활에 대해서 많이 알고 싶어하십니다. 항상 저에게 어떻게 지내냐고 하시고 필요한 것은 없냐고 물어보십니다. 그리고 늘 열심히 공부하라고 하십니다.

얼마 전에 저는 몸이 많이 아팠습니다. 어머니께서 제 모습을 보고 걱정하실 것 같아서 화장을 하고 통화를 했는데 어머니 얼굴을 보니까 갑자기 눈물이 났습니다. 어머니가 저를 보고 왜 우냐고 하셔서 저는 너무 반가워서 운다고 했습니다. 울고 있는 저를 보고 어머니도 같이 우셨습니다. 저는 그때 이번 방학에 고향에 갈 거라고 했습니다. 제가 고향에 가면 어머니는 맛있는 음식을 많이 만들어 주겠다고 하셨습니다. 빨리 방학이 돼서 부모님을 만났으면 좋겠습니다.

어휘

화상 통화	visiophone	テレビ電話	视频通话
유학	studying abroad	留学	留学
외롭다	to be lonely	寂しい	孤独
화면	screen	画面	画面
늘	always	いつも	时时
화장	make up	化粧	化妆
눈물이 나다	to be teary	涙が出る	流眼泪

어휘 연습

1. 빈 칸에 알맞은 어휘를 쓰십시오.

유학　　화면　　늘　　외롭다

❶ 지하철 역 앞에 있는 맛있는 빵집에는 (　　　　　) 사람들이 많아요.

❷ 친한 친구들이 고향으로 돌아가서 저는 요즘 (　　　　　)어요/아요/여요.

❸ 노트북은 데스크톱에 비해서 가벼워서 좋지만 (　　　　　)이/가 작아서 불편해요.

❹ 대학교를 졸업하고 그림 공부를 더 하러 프랑스로 (　　　　　)을/를 가려고 합니다.

2. 빈 칸에 모두 어울리는 어휘를 쓰십시오.　　(　　　　　)

❶ 너무 더워서 땀이 .... 어요/아요/여요.

❷ 감기에 걸려서 열이 .... 어요/아요/여요.

❸ 운동을 하다가 넘어졌는데 다리에서 피가 .... 었어요/았어요/였어요.

❹ 동생이 좋아하는 음식을 보니까 동생 생각이 .... 었어요/았어요/였어요.

질문

1. 앞 글에서 인터넷 화상 통화의 좋은 점은 무엇이라고 합니까?

2. 이 사람은 남자일까요? 여자일까요? 왜 그렇게 생각합니까?

3. 이 사람에 대한 설명으로 맞는 것을 고르십시오. (　　)

❶ 이번 방학을 기다립니다.

❷ 부모님과 전화할 때마다 웁니다.

❸ 유학 생활이 재미없어서 외롭습니다.

❹ 얼마 전에 통화할 때 어머니가 우셔서 이 사람도 울었습니다.

4. 앞 글을 읽고 이 사람이 어머니와 화상 통화를 한 내용을 대화로 만들어 보십시오.

나 : 어머니, 저 ……………… 이에요/예요. 그동안 안녕하셨어요?

어머니 : 그래, 잘 지내고 있다. 너는 한국에서 어떻게 지내고 있니?

나 : ………………………………

어머니 : ………………………………

나 : ………………………………

어머니 : ………………………………

나 : ………………………………

어머니 : ………………………………

나 : ………………………………

어머니 : ………………………………

5. 여러분은 누구와 인터넷 화상 통화를 하고 싶습니까? 그 사람에게 뭐라고 하겠습니까?

더 공부해 봅시다

○ 다음은 인터넷 메신저 대화창입니다. 읽고 질문에 답하십시오.

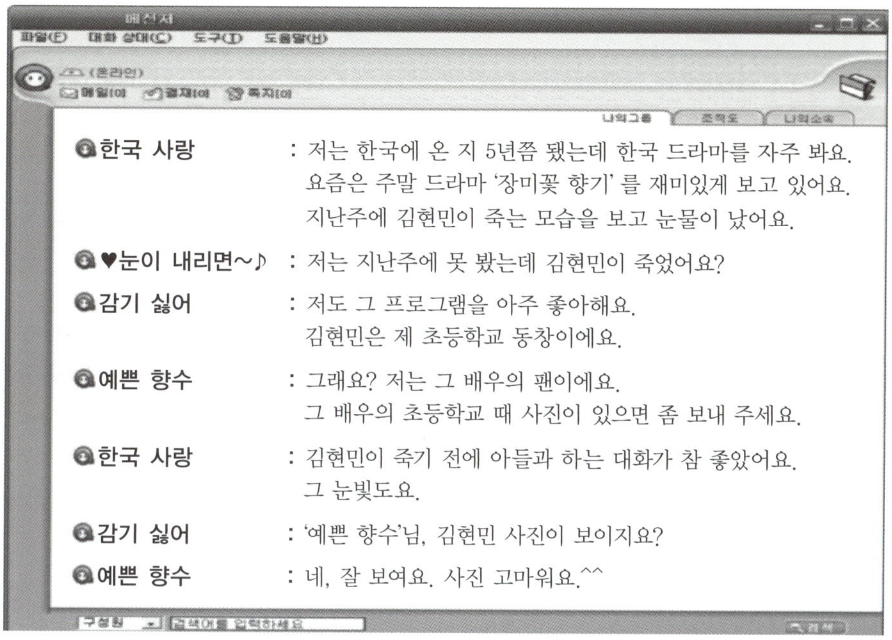

1. 대화창에 있는 사람들은 무엇에 대한 이야기를 하고 있습니까?

2. 인터넷 메신저의 좋은 점을 이야기해 봅시다.

읽어 봅시다 [CD: 54]

받침 /ㄹ/

늘	불	물	말	잘
얼굴	생활	동물	아들	눈물
알다	늘다	썰다	졸다	팔다
들리다	떨리다	말리다	살리다	즐기다

- 말을 배울 때는 늘 정확하게 발음을 하려고 노력해야 한다.
- 물을 마시려고 부엌 불을 켜니까 불이 들어오지 않았다.
- 어머니 얼굴을 보니까 갑자기 눈물이 났습니다.
- 부모님은 제 한국 생활에 대해서 많이 알고 싶어하십니다.
- 인터넷 화상 통화는 소리도 잘 들리고 화면도 커서 아주 좋습니다.

인터넷 메신저	internet messenger	インタネットメッセンジャー	网络信使
대화창	messenger window	チャット画面	聊天窗口
향기	scent	香り	香气
팬	fan	ファン	粉丝
눈빛	expression in one's eyes	眼の光，まなざし	眼神

제28과 단짝 친구

- 여러분은 단짝 친구가 있습니까?
- 그 사람과 어떻게 단짝 친구가 되었습니까?

CD: 55

저와 지민이는 단짝 친구입니다. 지민이는 아침에 눈을 뜨면 저부터 찾습니다. 저는 지민이와 같이 자는데 가끔은 제가 아침에 노래를 불러서 지민이를 깨워 줍니다.

지민이는 어디에 가든지 저를 데리고 갑니다. 가끔 깜빡 잊어버리고 저를 안 데리고 가면 우리는 둘 다 하루 종일 불안해합니다. 우리는 언제나 손을 잡고 다닙니다. 지민이는 이야기하는 것을 좋아해서 저에게 언제나 이야기를 많이 합니다. 그리고 저는 이야기를 듣는 것을 좋아해서 우리는 아주 잘 맞습니다.

그런데 지민이는 저보다 머리가 좀 나빠서 똑같은 것을 자꾸 물어 봅니다. 윤아의 전화번호가 몇 번이냐고 묻고, 어제 배운 단어 '저울'이 무슨 뜻이냐고 묻고, 볼펜 5개에 1,200원이면 한 개에 얼마냐고 묻습니다. 제가 친절하게 다 가르쳐 주니까 지민이는 생각을 더 안 하는 것 같습니다.

이렇게 생각하기를 싫어하는 지민이도 제 생각을 정말 많이 해 줍니다. 지난주에 날씨가 좀 추워져서 지민이가 선물로 예쁜 스웨터와 목도리를 사 주었습니다. 그래서 저도 다음 지민이 생일에 불러주려고 최신 노래를 열심히 연습하고 있습니다.

여러분, 저와 지민이가 부럽죠? *^^*

어휘			
단짝	best friend	一番の親友	最近的朋友, 死党
눈을 뜨다	to open eyes	目を覚ます	睁开眼睛
깨우다	to wake someone up	起こす	叫醒
불안하다	to be disquieted, to feel uneasy	不安だ	不安
맞다	to match well	合う	合适
똑같다	to be same	全く同じ	同样
뜻	meaning	意味	意思
스웨터	sweater	セーター	毛衣
목도리	muffler	マフラー	围巾
최신	trendy, streamlined	最新	最新

어휘 연습

1. 빈 칸에 알맞은 어휘를 쓰십시오.

맞다 / 깨우다 / 똑같다 / 불안하다

❶ 아기들은 엄마가 없으면 ( )어해요/아해요/여해요.

❷ 학교에서 연습한 것과 ( )는/은/ㄴ 문제가 시험에 나와서 시험을 잘 봤어요.

❸ 저는 제 방 친구와 성격이 잘 ( )어서/아서/여서 같이 사는 데에 문제가 없어요.

❹ 저는 아침에 일찍 일어나지 못해서 어머니께서 아침마다 ( )어/아/여 주십니다.

2. 어울리는 것을 찾아서 연결하십시오.

❶ 최고 •　　• ㉠ 새로 나온 컴퓨터는 값이 너무 비싸요.

❷ 최신 •　　• ㉡ 기온이 30도까지 올라간다고 합니다.

❸ 최하 •　　• ㉢ 3급에 가려면 60점 이상 받아야 합니다.

❹ 최근 •　　• ㉣ 요즘의 소식을 알고 싶으면 인터넷을 찾아 보세요.

질문

1. 이것은 무엇일까요?

2. 왜 우리를 단짝 친구라고 합니까?

3. 앞 글의 내용과 같으면 O, 다르면 X 하십시오.

❶ 우리는 가끔 같이 다닙니다. ( )

❷ 지민이는 휴대전화로 여러 가지를 합니다. ( )

❸ 지민이는 휴대전화가 없으면 불안해합니다. ( )

❹ 지민이가 저에게 스웨터를 만들어 주었습니다. ( )

4. 앞 글을 읽고 다음과 같이 질문하십시오.

1	전화번호 찾기	윤아의 전화번호가 몇 번이야?
2	전자사전	❶
3	전자계산기	❷

5. 여러분도 늘 가지고 다니는 물건이 있습니까? 그 물건을 소개해 보십시오.

더 공부해 봅시다

○ 다음은 인터넷 신문에 나온 기사입니다. 읽고 질문에 답하십시오.

인터넷 연세경제

2009년 08월 26일

정치 | 경제 | 사회 | 사설 | 사건 | 행사 | 연예 | 스포츠

10명 중에 7~8명 휴대전화 중독

요즘 사람들은 휴대전화와 MP3, 디지털카메라, 게임기 등 많은 전자제품을 가지고 다닌다. 그 중에서 요즘 사람들에게 가장 가까운 전자제품은 여러 가지 기능을 가진 휴대전화이다. 요즘 사람들은 휴대전화가 없으면 불안함을 느끼는 것으로 나타났다.

대학교 3학년 K씨는 휴대전화가 없으면 다른 일을 잘 할 수 없다고 한다. 그리고 집에 휴대전화를 놓고 나오면 다시 집으로 돌아가 휴대전화를 가지고 온다고 한다. 한 설문 조사에서는 휴대전화가 없으면 불안하다는 사람이 78%로 나타났다. 특히 10대들의 70%는 집 안에서도 휴대전화를 주머니에 넣고 다니거나 손에 들고 다닌다고 한다.

집에 휴대전화를 놓고 오면 마음이 불안한가? 수업시간 중에도 문자메시지가 오면 바로 확인하나? 전화나 문자메시지가 오지 않아도 휴대전화를 확인하는 일이 많은가? 그러면 여러분도 휴대전화 중독이다.

e-news@yonsei.com

1. 휴대전화 중독이면 어떤 행동을 합니까?

2. 여러분도 이런 행동을 합니까? 더 심해지면 어떤 문제가 생길까요?

읽어 봅시다 [CD: 56]

ㅎ소리 줄이기 모음 앞에서 받침 /ㅎ/은 거의 소리 나지 않는다.

- 좋아해서[조아해서] 지민이는 이야기하는 것을 좋아해서 저에게 언제나 이야기를 많이 합니다.
- 넣어[너어] 사과를 봉지에 넣어 주세요.
- 놓여[노여] 탁자 위에 꽃병이 놓여 있어요.
- 쌓이니까[싸이니까] 눈이 쌓이니까 걸어 다니기가 힘들어요.
- 낳았어요[나아써요] 우리 언니가 둘째 아이를 낳았어요.

기사	article	記事	报道
중독	addict	中毒	中毒
게임기	game station	ゲーム機	游戏机
전자제품	electronic products	電化製品	电子产品
기능	function	機能	功能
설문 조사	survey	アンケート調査	问卷调查
10대	teenagers	10代	十几岁的人

25-28과 확인해 봅시다

1. 다음을 읽어 봅시다.

❶ 어떻게 연락을 해야 할지 몰라서 한참 생각했다.

❷ 한국말이 많이 늘었냐고 해서 물론이라고 했다.

❸ 말을 배울 때는 늘 정확하게 발음을 하려고 해야 한다.

❹ 지민이는 이야기하는 것을 좋아해서 저에게 언제나 이야기를 많이 합니다.

2. 다음 질문에 답하십시오.

1) 두 어휘가 서로 어울리지 않는 것을 고르십시오. (　　)

❶ 눈물 : 나다　　❷ 자신 : 있다

❸ 표현 : 들리다　　❹ 목소리 : 떨리다

2) '마음' 을 표현하는 어휘가 아닌 것을 고르십시오. (　　)

❶ 정확하다　　❷ 답답하다　　❸ 불안하다　　❹ 이상하다

3) 무엇을 이야기하고 있습니까? 알맞은 것을 고르십시오. (　　)

> 저는 다른 나라에 가서 공부하고 싶습니다.

❶ 나라　　❷ 대학　　❸ 유학　　❹ 세계

4) 알맞은 것을 고르십시오. (　　)

> 조금 전까지 날씨가 좋아서 공원으로 산책을 가려고 준비하고 있었습니다. 그런데 (　　　　　) 날씨가 흐려지면서 비가 오기 시작했습니다.

❶ 늘　　❷ 처음　　❸ 한참　　❹ 갑자기

3. 이 글에서 제일 하고 싶은 이야기는 무엇입니까? (　　)

여러분은 휴대전화로 무엇을 합니까? 물론 휴대전화로는 전화를 걸고 전화를 받을 수 있습니다. 하지만 요즘은 더 다양하게 휴대전화를 씁니다. 시간을 확인하거나 메모를 하거나 단어를 찾거나 사진을 찍을 때에도 휴대전화를 씁니다.

❶ 요즘은 휴대전화가 다양해졌습니다.
❷ 시간을 볼 때 휴대전화를 많이 씁니다.
❸ 요즘은 휴대전화로 여러 가지를 할 수 있습니다.
❹ 전화를 할 때 휴대전화로 전화를 하는 사람들이 많아졌습니다.

4. 다음을 읽고 질문에 답하십시오.

저는 출근할 때 휴대전화를 꼭 가지고 갑니다. 휴대전화가 없으면 불안해서 일을 할 수 없습니다. 휴대전화를 많이 쓰는 것은 아니지만 회사 사람들도 저에게 휴대전화로 연락을 하기 때문에 없으면 아주 불편합니다.

(㉠) 휴대전화 안에 연락처가 들어 있어서 회사 일로 연락을 해야 하거나 약속을 바꿀 때도 휴대전화가 꼭 필요합니다. 그럴 때 휴대전화가 없으면 아주 답답합니다. 하지만 휴대전화가 있어서 항상 좋은 것은 아닙니다. 좀 쉬고 싶을 때도 회사에서 전화가 오면 받아야 합니다.

1) ㉠에 들어갈 알맞은 말을 고르십시오. (　　)

❶ 그러나　　❷ 그리고　　❸ 그래서　　❹ 그러면

2) 이 글의 내용과 다른 것을 고르십시오. (　　)

❶ 이 사람은 회사일 때문에 휴대전화가 필요합니다.
❷ 이 사람은 휴대전화가 없으면 불편하고 불안합니다.
❸ 이 사람은 회사원이기 때문에 휴대전화를 많이 씁니다.
❹ 이 사람은 휴대전화가 없었으면 좋겠다고 생각할 때도 있습니다.

3) 휴대전화가 있어서 좋은 점과 나쁜 점을 이야기해 봅시다.

제29과 국제진료센터

- 요즘 병원에 간 적이 있습니까?
- 병원에 가면 어떻습니까?

CD: 57

나는 지금까지 심하게 아픈 적도 없고 병원에 간 적도 별로 없다.

그런데 지난 수요일에 학교에서 갑자기 배가 아프기 시작했다. 그래서 수업이 끝나고 기숙사에 돌아와서 쉬었다. 저녁 때가 되니까 배가 더 아프고 설사도 여러 번 했다. 기숙사 방친구가 어디가 아프냐고 해서 증상을 말하니까 약을 사 가지고 왔다. 그 약을 먹었지만 별로 낫지 않아서 밤에는 잠도 잘 못 잤다.

다음 날 아침에 방친구가 병원에 같이 가자고 했다. 나는 한국말도 잘 못하고 어디에 가서 어떻게 해야 하는지 몰랐는데 정말 고마웠다. 방친구는 한국에 온 지 일 년이 지나서 한국생활에 아주 익숙하다. 우리는 세브란스병원의 국제진료센터로 갔다. 거기는 모든 서류가 영어로 되어 있고 선생님도 영어로 설명해 주셔서 참 편했다. 선생님은 뭐 잘못 먹은 것은 없었냐, 최근에 뭘 먹었냐 등 몇 가지 질문을 한 후에 검사를 하자고 하셨다.

1시간쯤 후에 결과가 나왔는데 장염이라고 하셨다. 주사를 맞고 약국에 가서 3일분의 약을 받아 가지고 왔다. 약을 먹고 2~3일 쉬니까 좀 괜찮아졌다. 큰 병은 아니지만 아프니까 가족들 생각이 많이 났다. 빨리 나아서 맛있는 음식을 먹었으면 좋겠다.

어휘			
국제진료센터	International Health Care Center	国際診療センター	国际诊疗中心
증상	symptom	症状	症状
최근	recently	最近, 直近	最近
결과	result	結果	结果
장염	enteritis	腸炎	肠炎
주사를 맞다	to take an injection, a shot	注射を打ってもらう	打针
-분	equivalent quantity, portion	-分	加在数量名词后表其分量

어휘 연습

1. 빈 칸에 알맞은 어휘를 쓰십시오.

-분	결과	증상	최근

❶ 열심히 공부했는데 시험이 생각보다 어려워서 (　　　　　　)이/가 별로 안 좋아요.

❷ 날씨가 갑자기 추워져서 (　　　　　　) 감기에 걸려서 병원을 찾는 사람들이 늘었다고 합니다.

❸ 사장님께서 이번 행사에 초대한 손님이 많으니까 500명(　　　　　　)의 음식을 준비하라고 하셨어요.

❹ 몸이 아파서 병원에 가니까 의사 선생님이 어디가 어떻게 아프냐고 (　　　　　　)을/를 물어 보셨습니다.

2. 어울리는 어휘를 찾아서 연결하십시오.

❶ 병 •	• ㉠ 낫다
❷ 결과 •	• ㉡ 맞다
❸ 설사 •	• ㉢ 하다
❹ 주사 •	• ㉣ 나오다

질문

1. 이 사람은 어디가 아팠습니까? 증상이 어땠습니까?

2. 이 사람은 병원에서 무엇을 했습니까?

3. 앞 글의 내용과 같으면 O, 다르면 X 하십시오.

❶ 이 사람은 다 나았습니다. ( )

❷ 이 사람은 친구와 같이 병원에 갔습니다. ( )

❸ 이 사람은 사흘 동안 먹을 약을 샀습니다. ( )

❹ 한국말을 잘 못해서 병원에서 힘들었습니다. ( )

4. 앞 글을 읽고 대화를 만들어 보십시오.

【기숙사에서】

방친구 : 왜 그래? 어디 아파?

나 : 아까 학교에서부터 배가 아프기 시작했는데 지금은 더 아파.

방친구 : ....

나 : ....

【다음 날 아침, 기숙사에서】

방친구 : ....

나 : ....

【병원에서】

의사 선생님 : ....

나 : ....

의사 선생님 : ....

나 : ....

5. 여러분은 아플 때 어떤 생각이 듭니까?

더 공부해 봅시다

○ 다음은 병원에 가면 받는 질문지입니다. 읽고 질문에 답하십시오.

1. 전에 아팠거나, 지금 아픈 곳이 있습니까?
   ① 있다 (　　) (병명 :　　　　　　　　)
   ② 없다 (　　)
2. 부모나 형제에게 심한 병이 있습니까?
   ① 있다 (　　) (병명 :　　　　　　　　)
   ② 없다 (　　)
3. 특별히 걱정되는 병이 있습니까?
   ① 있다 (　　) (병명 :　　　　　　　　)
   ② 없다 (　　)
4. 무슨 음식을 자주 드십니까?
   ① 채소를 주로 먹는다.
   ② 채소와 고기를 모두 잘 먹는다.
   ③ 고기를 주로 먹는다.
5. 술을 자주 마십니까?
   ① 마시지 않는다.
   ② 한 달에 2~3번 정도 마신다.
   ③ 일주일에 1~2번 마신다.
   ④ 일주일에 3~4번 마신다.
   ⑤ 매일 마신다.
6. 술을 마시면 1번에 어느 정도 마십니까?
   ① 소주 반 병 이하　② 소주 한 병 정도
   ③ 소주 한 병 반 정도　④ 소주 두 병 이상
7. 담배를 어느 정도 피우십니까?
   ① 피우지 않는다.
   ② 전에 피웠지만 지금은 끊었다.
   ③ 지금도 피운다.
   ④ 금연 시작 : ______________년
8. 담배를 피우면 하루에 어느 정도 피웁니까?
   ① 반 갑 이하　② 반 갑~한 갑
   ③ 한 갑~두 갑　④ 두 갑 이상
9. 담배를 전에 피웠거나 요즘 피우면 얼마 동안 피웠습니까?
   ① 5년 이하　② 5~9년
   ③ 10~19년　④ 20~29년
   ⑤ 30년 이상
   ⑥ 흡연 시작 : ______________년
10. 운동을 일주일에 몇 번 정도 하고 계십니까?
   ① 안 한다.　② 1~2번
   ③ 3~4번　④ 5~6번
   ⑤ 매일
11. 지난 한 달 동안 너무 힘들다고 느낀 적이 있습니까?
   ① 자주 있다.　② 가끔 있다.
   ③ 없다.　④ 모르겠다.

읽어 봅시다 [CD: 58]

흐름소리 2　/ㄹ/의 뒤에서 [ㄴ] → [ㄹ]

- 일 년[일련]　방 친구는 한국에 온 지 일 년이 지나서 한국 생활에 아주 익숙하다.
- 설날[설랄]　설날이 되면 고향에 가려고 하는 사람들이 많아요.
- 실내[실래]　실내에서는 사진을 찍을 수 없습니다.
- 달나라[달라라]　달나라에는 무슨 동물이 살고 있을까요?
- 줄넘기[줄럼기]　요즘 운동이 부족해서 줄넘기를 시작했어요.

병명	name of disease	病名	病名
주로	usually	主に	主要
이하	under	以下	以下
금연	quit smoking	禁煙	禁烟
-갑	pack of~	-箱	盒
흡연	smoking	喫煙	吸烟

제30과 한의원에서의 신기한 경험

- 여러분은 아플 때 어떻게 합니까?
- 여러분 나라에는 어떤 병원들이 있습니까?

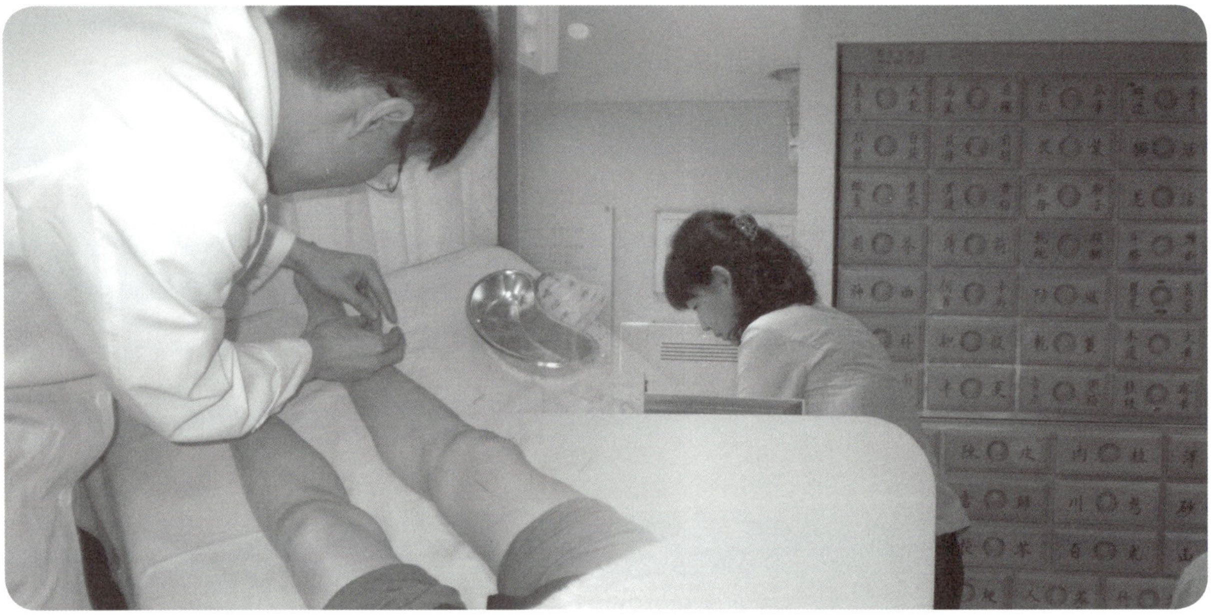

CD: 59

나는 오늘 친구들과 농구를 하다가 넘어졌다. 너무 아파서 걷기도 힘들었다.

친구는 그렇게 아플 때는 한의원에 가서 침을 맞는 게 좋다고 했다. 나는 침이라는 말을 처음 들어서 친구에게 침이 뭐냐고 물어봤다. 친구는 침은 바늘 같이 생긴 것인데 침을 맞으면 빨리 나을 수 있다고 했다. 작년에 스키장에서 스키를 타다가 넘어졌을 때 한의원에 가서 침을 맞고 나았다고 했다. 친구는 학교 근처에 있는 유명한 한의원에 같이 가 보지 않겠냐고 했다.

나는 친구와 같이 한의원에 갔다. 한의사 선생님은 이것저것 물어 보시고 발목을 만져 보셨다. 한의사 선생님은 나에게 발목을 많이 삐었으니까 침을 맞아야 한다고 하셨다. 그리고 발목이 많이 부었으니까 찜질을 하라고 하셨다. 내가 약은 안 먹어도 되냐고 물어보니까 약은 안 먹어도 되고 침만 몇 번 더 맞으면 된다고 하셨다. 그리고 며칠 동안은 많이 걷지 말고 쉬라고 하셨다.

나는 침을 맞기 전에 긴장을 많이 했는데 다행히 침을 맞을 때 별로 아프지 않았다. 30분쯤 지나니까 좀 좋아지는 것 같았다. 아주 신기했다.

어휘			
한의원	Oriental medicine clinic	韓方医院	韩医院
신기하다	to be marvelous	不思議だ	新奇
침	acupuncture	鍼 (鍼灸)	针灸
바늘	needle	針	针
생기다	to seem like	できる, 作る	长(得)
침을 맞다	to get acupuncture	鍼を打つ	扎针
한의사	Oriental medical doctor, herb doctor	韓方医	韩医师
발목	ankle	足首	脚脖子
만지다	to touch	触る	抚摸
삐다	to dislocate, to sprain	挫く	扭伤
찜질을 하다	to pack	湿布をする	敷
긴장을 하다	to be strained, to be worried and nervous	緊張する	紧张
다행히	fortunately, luckily	幸い	幸好

어휘 연습

1. 빈 칸에 알맞은 어휘를 쓰십시오.

다행히　　삐다　　만지다　　신기하다

❶ 테니스를 치다가 손목을 (　　　　　)었어요/았어요/였어요.

❷ 교통사고가 났지만 (　　　　　) 다친 사람이 없었습니다.

❸ 이것은 아주 위험한 물건이니까 손으로 (　　　　　)지 마십시오.

❹ 새 로봇을 보고 사람들은 아주 (　　　　　)어했어요/아했어요/여했어요.

2. 빈 칸에 모두 어울리는 어휘를 쓰십시오.　　(　　　　　)

❶ 이 음식이 제 입에 .... 어요/아요/여요.

❷ 제가 쓴 답이 .... 었어요/았어요/였어요.

❸ 한의원에 가서 침을 .... 었어요/았어요/였어요.

❹ 저 두 사람은 성격이 서로 잘 .... 어요/아요/여요.

질문

1. 이 사람은 한의원에서 어떤 치료를 받았습니까?

2. 이 사람은 앞으로 낫기 위해서 어떻게 해야 합니까?

3. 앞 글의 내용과 같으면 O, 다르면 X 하십시오.

❶ 침은 바늘과 같이 생겼습니다. (   )

❷ 발목이 부었을 때는 찜질을 하는 것이 좋습니다. (   )

❸ 이 사람은 한의원에서 주사를 맞았는데 아프지 않았습니다. (   )

❹ 이 사람은 친구들과 운동을 하다가 넘어졌는데 너무 아팠습니다. (   )

4. 다음은 앞 글을 요약한 글입니다. 빈 칸에 알맞은 어휘를 쓰십시오.

이 사람은 오늘 농구를 하다가 넘어져서 (   )을/를 다쳤다. 친구가 소개해 준 유명한 (   )에 가서 침을 맞았다. 30분쯤 지난 후에 낫는 것 같아서 (   )는다고/ㄴ다고/다고 생각했다. 한의사 선생님은 (   )을/를 하는 게 좋다고 하셨다. 그리고 (   )은/는 먹지 않아도 된다고 하셨다.

5. 여러분이 알고 있는 좋은 치료 방법이 있으면 이야기해 보십시오.

더 공부해 봅시다

○ 다음은 상담하는 글입니다. 읽고 질문에 답하십시오.

질문 저는 몸이 약해서 자주 피곤해요. 그리고 뱃살이 많고 오후가 되면 다리가 붓는데 어떻게 해야 하나요? 좋은 방법이 있으면 알려 주세요.

답 몸을 튼튼하게 하려면 음식을 잘 먹고 한약을 먹는 것이 좋습니다. 뱃살을 빼기 위해서는 짧은 기간에 너무 심하게 다이어트를 하지 말고 운동을 자주 해야 합니다. 그리고 다리가 부었을 때는 냉찜질을 하세요. 물 속에 발을 넣고 발가락을 움직이는 것도 좋습니다. 잠을 잘 때는 베개 같은 것을 다리 밑에 놓고 자는 것이 좋습니다.

1. 이 사람은 무엇을 걱정합니까?

2. 한의사는 이 사람에게 뱃살을 빼기 위해서는 어떻게 해야 한다고 했습니까?

읽어 봅시다 [CD:60]

모음 /ㅢ/ /ㅢ/가 뒤에 올 때는 [의] 또는 [이]로 발음한다.

- 한의원[하늬원/하니원] 친구가 그렇게 아플 때는 한의원에 가서 침을 맞는게 좋다고 했다.
- 한의사[하늬사/하니사] 한의사 선생님은 이것저것 물어 보시고 발목을 만져 보셨다.
- 회의[회의/회이] 오늘 2시에 회의가 있으니 꼭 참석하시기 바랍니다.
- 문의[무늬/무니] 궁금한 게 있으시면 전화로 문의해 보세요.
- 거의[거의/거이] 숙제를 거의 다 했어요.

냉찜질	cold-pack	冷湿布	冷敷
뱃살	stomach fats, belly fat	お腹の肉	肚子上的肉
발가락	toe	足の指	脚趾
베개	pillow	枕	枕头

제31과 쉽게 할 수 있는 스트레칭

- 건강을 위해서 무엇을 합니까?
- 스트레칭의 좋은 점은 무엇입니까?

CD: 61

공부하다가 힘들 때 건강을 위한 스트레칭을 해 보면 어떨까요? 다음은 여러분이 의자에 앉아서 할 수 있는 스트레칭입니다. 가벼운 기분으로 따라해 보세요.

1. 왼손으로 머리 오른쪽을 잡습니다. 머리를 왼쪽으로 당기세요. 오른손은 아래로 쭉 뻗어 의자를 잡습니다. 마음 속으로 열까지 셉니다. 이 동작을 세 번 반복합니다. 반대쪽도 같은 동작을 세 번 합니다.
2. 의자에 똑바로 앉습니다. 오른쪽 다리를 굽혀서 발목을 왼쪽 다리 위에 올려 놓습니다. 오른쪽 발목으로 천천히 동그라미 그리기를 열 번 반복합니다. 반대쪽도 같은 동작을 열 번 반복합니다.
3. 두 손을 빨리 비벼서 따뜻해지게 합니다. 두 손을 양쪽 눈에 대고 손끝으로 천천히 눌러 줍니다. 오랜 시간 동안 책을 본 후에 눈이 피곤해졌을 때 이렇게 하면 좋습니다.
4. 허리를 펴고 똑바로 앉습니다. 두 손을 잡고 팔을 앞쪽으로 쭉 뻗습니다. 이때 손바닥이 밖으로 향하게 합니다. 마음 속으로 열까지 센 후에 팔을 내립니다. 다시 두 팔을 위로 뻗고 열을 셉니다. 손목을 천천히 동그라미를 그리는 것처럼 열 번 돌립니다.

오랜 시간 앉아서 공부하기가 얼마나 힘듭니까? 쉬는 시간에 이 스트레칭을 하면 건강도 지키고 성적도 올릴 수 있을 것입니다.

어휘

스트레칭	stretching	ストレッチング	伸展运动
당기다	to pull	引っ張る	拉
뻗다	to extend	伸ばす	伸
세다	to count	数える	数
동작	motion	動作	动作
반복하다	to repeat	繰り返す	反复
굽히다	to bend	曲げる	弯
동그라미	circle	丸	圆
비비다	to rub	こする	搓
손바닥	palm	手のひら	手掌
향하다	to face	向かう	向
손목	wrist	手首	手腕
돌리다	to spin	回す	转

어휘 연습

1. 빈 칸에 알맞은 어휘를 쓰십시오.

뻗다　　세다　　당기다　　반복하다

❶ 이 문은 앞으로 (　　　　　　)어야/아야/여야 열립니다.

❷ 이 발음은 어렵지만 여러 번 (　　　　　　)어서/아서/여서 연습하면 잘 할 수 있어요.

❸ 내가 돈을 (　　　　　　)고 있는데 친구가 자꾸 말을 시켜서 얼마인지 모르겠어요.

❹ 비행기를 타면 의자와 의자 사이가 좁기 때문에 다리를 쭉 (　　　　　　)고 앉을 수 없어요.

2. 빈 칸에 알맞은 어휘를 쓰십시오.

❶ (　손목　)
❷ (　　　　)
❸ (　　　　)
❹ (　　　　)
❺ (　　　　)

질문

1. 앞 글은 어떤 스트레칭을 소개하고 있습니까?

2. 이 스트레칭을 하면 좋은 사람은 누구일까요?

3. 앞 글의 내용과 같으면 O, 다르면 X 하십시오.

❶ 1번 스트레칭을 할 때 두 손으로 머리를 잡습니다. ( )

❷ 2번 스트레칭을 할 때 발목을 돌립니다. ( )

❸ 3번 스트레칭은 책을 볼 때 합니다. ( )

❹ 4번 스트레칭을 할 때 팔을 돌려서 동그라미를 그립니다. ( )

4. 다음 동작은 무엇을 하는 것입니까? 그림을 보고 연결하십시오.

❶ 왼손으로 머리 오른쪽을 잡기 •

❷ 오른쪽 다리를 왼쪽 다리 위에 올려 놓기 •

❸ 발목으로 동그라미 그리기 •

❹ 두 손을 양쪽 눈에 대기 •

❺ 두 손을 잡고 팔을 앞쪽으로 뻗기 •

• ㉠ 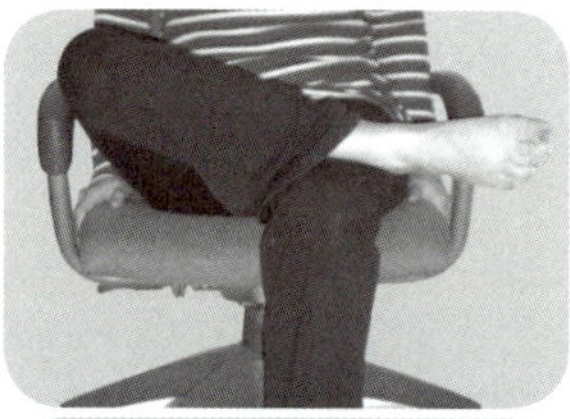

• ㉡ 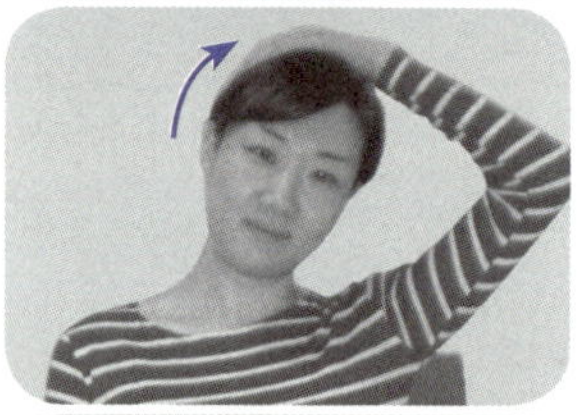

• ㉢ 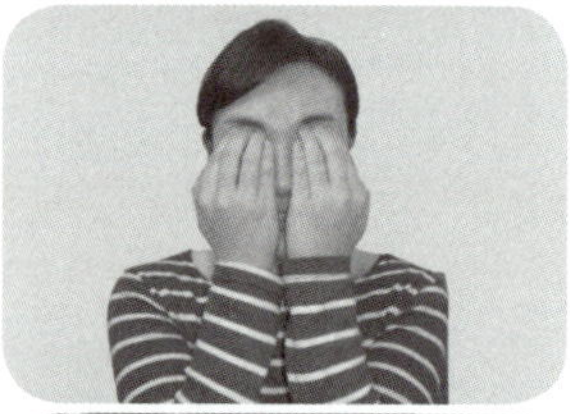

• ㉣ 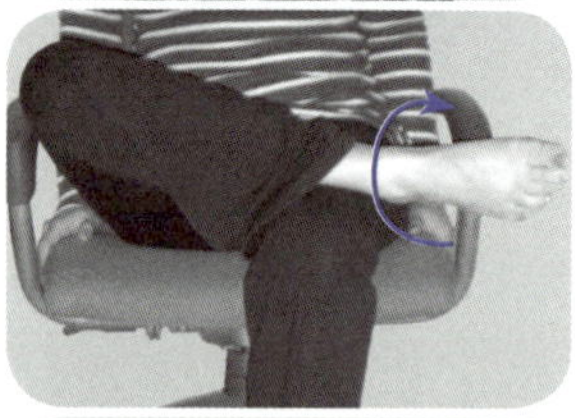

• ㉤ 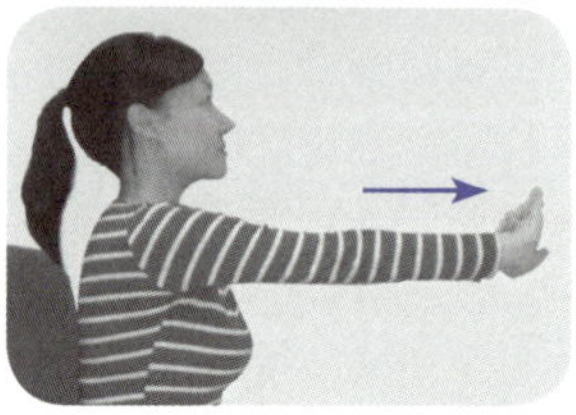

5. 여러분이 자주 하는 스트레칭이 있으면 소개해 주십시오.

더 공부해 봅시다

○ 다음을 읽고 질문에 답하십시오.

1. 위와 같은 글은 어디에서 볼 수 있습니까?

2. 컴퓨터를 많이 사용하는 사람은 몇 장을 보는 것이 좋습니까?

3. 다음 내용은 이 책의 몇 장에 있을까요?

> 비행기 안에서 오랜 시간 앉아 있으면 피곤해진다. 그때 어깨 스트레칭을 자주 하면 기분이 좋아진다.

읽어 봅시다 [CD: 62]

입천장소리 1						
/ㅈ/	잡다	주다	동작	성적	낮	맞다
/ㅉ/	쭉	찌개	짜다	오른쪽	공짜	단짝
/ㅊ/	책	채소	차다	스트레칭	친척	꽃

- 잡습니다 — 왼손으로 머리 오른쪽을 잡습니다.
- 동작 — 이 동작을 세 번 반복합니다.
- 쭉 — 두 손을 잡고 팔을 앞쪽으로 쭉 뻗습니다.
- 오른쪽, 왼쪽 — 오른쪽 다리를 굽혀서 발목을 왼쪽 다리 위에 올려 놓아요.
- 스트레칭 — 공부하다가 힘들 때 건강을 위한 스트레칭을 해 보면 어떨까요?

머리말	introduction	まえがき	前言
-장	chapter	章	章
피곤이 풀리다	to recover from fatigue	疲れが和らぐ	解除疲劳
찾아보기	index	索引	索引
부록	annex	付録	附录

제32과 건강보험

- 무슨 보험이 있습니까?
- 건강보험에 들면 무엇이 좋습니까?

CD: 63

나는 감기에 걸려서 그저께부터 콧물이 나는 데다가 머리도 아팠다. 유미 씨도 기침이 심해서 우리는 같이 병원에 갔다. 우리는 먼저 체온을 재고 기다리다가 진료를 받았다.

"마이클 스미스 씨, 사이토 유미 씨, 25,000원입니다."

"25,000원요?"

나는 진료비가 생각보다 많이 나와서 깜짝 놀랐다. 유미 씨에게 진료비가 너무 비싸지 않냐고 했다. 유미 씨는 진료비가 비싸기는 하지만 여행자 보험에 들어서 괜찮다고 했다.

"여행자 보험요?"

나는 여행자 보험에 대해서 아는 것이 없었는데 유미 씨가 잘 설명해 줬다. 여행자 보험에 들면 진료를 받은 후에 영수증을 가지고 보험 회사에 가서 진료비를 돌려받을 수 있다고 한다. 한국에도 보험 회사가 많다고 하니까 한번 알아봐야겠다.

우리의 이야기를 듣고 간호사는 나에게 건강보험에 대해서 가르쳐 줬다. 나는 건강보험 이야기도 처음 들었다. 한국에 사는 외국인들도 외국인등록증을 가지고 건강보험공단에 가면 국민건강보험에 들 수 있다고 한다. 그리고 유학생이면 보험료가 비싸지 않다고 했다.

나는 비싼 진료비를 생각하니까 머리가 더 아픈 것 같았다. 싸게 진료를 받는 방법을 모르고 돈을 많이 내서 아까웠다. 어떤 보험이 좋은지 알아봐야겠다.

어휘

감기에 걸리다	to catch a cold	風邪をひく	患感冒
체온을 재다	to take one's temperature	体温を計る	测体温
진료비	doctor's fee	診療費	诊疗费
여행자 보험	traveler's insurance	旅行者保険	旅行保险
돌려받다	to get back	返してもらう	收回
건강보험공단	Health Insurance Corporation	健康保険公団	健康保险集团
국민건강보험	National Health Insurance	国民健康保険	公民健康保险
보험료	insurance fee	保険料	保险费
아깝다	to feel wasteful	もったいない	可惜

어휘 연습

1. 빈 칸에 알맞은 어휘를 쓰십시오.

보험료　　진료비　　돌려받다　　감기에 걸리다

❶ (　　　　　　)어서/아서/여서 머리도 아프고 열도 나요.

❷ 그 병원은 (　　　　　　)이/가 비싸니까 저 병원에 가세요.

❸ 친구에게 빌려준 책을 오늘 (　　　　　　)었어요/았어요/였어요.

❹ 매달 (　　　　　　)을/를 내면 사고가 났을 때 도움을 받을 수 있어요.

2. 맞게 연결하십시오.

❶ 키를 재다 •　　　　• ㉠

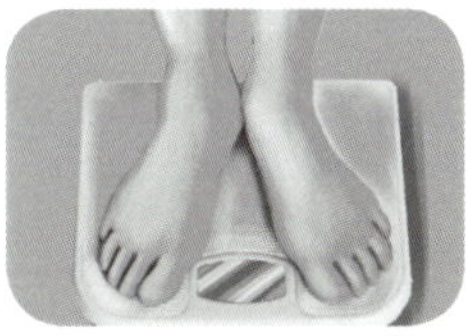

❷ 체온을 재다 •　　　　• ㉡

❸ 혈압을 재다 •　　　　• ㉢

❹ 몸무게를 재다 •　　　　• ㉣

질문

1. 마이클 씨는 왜 깜짝 놀랐습니까?

2. 유미 씨는 왜 진료비 걱정을 하지 않았습니까?

3. 앞 글의 내용과 같으면 O, 다르면 X 하십시오.

❶ 외국인도 보험에 들 수 있습니다. (　　)

❷ 유미 씨는 건강 보험에 들었습니다. (　　)

❸ 마이클 씨는 콧물이 많이 나서 머리가 아팠습니다. (　　)

❹ 마이클 씨는 건강해서 건강 보험에 들지 않았습니다. (　　)

4. 다음 (　　　　　)에 맞는 말을 쓰십시오.

여행자 보험에 든 사람은 돈을 낸 후에 (　　　　　)을/를 가지고 보험 회사에 가면 (　　　　　)을/를 돌려받을 수 있습니다.

국민건강보험에 들려면 (　　　　　)을/를 가지고 (　　　　　)에 가야 합니다.

5. 여러분을 위해서 어떤 보험이 있었으면 좋겠습니까?

더 공부해 봅시다

○ 다음은 신문 기사입니다. 읽고 질문에 답하십시오.

연세신문 2009년 8월 11일 화요일

외국인, 국민건강보험에 들 수 있다

한국에 살고 있는 외국인들도 외국인등록증이 있으면 국민건강보험에 들 수 있다. 국민건강관리공단(02-390-2000)에 전화하면 자세한 상담을 받을 수 있다. 또 출입국관리사무소나 공항에서 9개 언어로 된 안내서를 받을 수 있다. 9개 언어는 한국어, 러시아어, 몽골어, 베트남어, 영어, 인도네시아어, 일본어, 중국어, 태국어이다.

현재 한국에 살고 있는 외국인은 116만 명으로 인구의 2%쯤이다. 이 중 38만 명의 외국인이 건강보험에 들어 있다. 건강보험에 들면 외국인들도 싸게 병원 진료를 받을 수 있다.

1. 외국인이 건강보험에 들려면 무엇이 있어야 합니까?

2. 건강보험에 들면 무엇이 좋습니까?

읽어 봅시다 [CD: 64]

입천장소리 2 /ㄷ/ + /ㅣ/ → [ㅈ] /ㅌ/ + /ㅣ/ → [ㅊ]

- 곧이[고지] 그 말을 곧이 듣는 사람은 아무도 없어요.
- 해돋이[해도지] 1월 1일이 되면 동해로 해돋이를 보러 가는 사람이 많다.
- 같이[가치] 유미 씨도 기침이 심해서 우리는 같이 병원에 갔다.
- 끝이[끄치] 바다가 넓어서 끝이 안 보여요.
- 밭이[바치] 제 고향에는 여러 가지 채소 밭이 많아요.

국민건강관리공단	National Health Insurance Corporation	国民健康管理公団	公民健康管理集团
자세하다	to be detailed	詳しい	详细
안내서	pamphlet	パンフレット	指南
현재	currently	現在	现在

29-32과 확인해 봅시다

1. 다음을 읽어 봅시다.

❶ 방 친구는 한국에 온 지 일 년이 지나서 한국 생활에 아주 익숙하다.

❷ 한의사 선생님은 이것저것 물어 보시고 발목을 만져보셨다.

❸ 두 손을 잡고 팔을 앞쪽으로 쭉 뻗습니다.

❹ 유미 씨도 기침이 심해서 우리는 같이 병원에 갔다.

2. 다음 질문에 답하십시오.

1) 두 어휘가 서로 어울리지 않는 것을 고르십시오. (   )

❶ 힘 : 내다 ❷ 감기 : 걸다

❸ 발목 : 삐다 ❹ 주사 : 맞다

2) 다음 (   )에 맞는 말을 쓰십시오.

> 의사 : (   )이/가 어떻습니까?
> 환자 : 어제부터 콧물이 많이 나고 기침도 심해요.

3) 알맞은 어휘를 고르십시오. (   )

> 앞에서 선생님이 하시는 (   )을/를 잘 보고 따라하세요.

❶ 결과 ❷ 동작 ❸ 진료 ❹ 체온

4) 알맞은 어휘를 고르십시오. (   )

> 요즘 새로 나온 차는 전에 나온 것과 모양이 (   )기는 하지만 더 튼튼하고 값도 싸서 인기가 많습니다.

❶ 긴장하다 ❷ 반복하다 ❸ 비슷하다 ❹ 신기하다

3. 다음의 내용과 같은 것을 고르십시오. (　　)

> 건강을 위해서 가장 중요한 것은 스트레스가 없는 생활을 하는 것입니다. 마음이 불안할 때는 좋은 쪽으로 생각을 하는 연습을 하고 마음을 밖으로 표현하는 것이 필요합니다.

❶ 건강하면 스트레스가 없습니다.

❷ 화가 나도 마음을 표현하면 안 됩니다.

❸ 건강을 위해서 스트레스가 조금 필요합니다.

❹ 스트레스를 푸는 연습을 하는 것이 좋습니다.

4. 다음 글을 읽고 질문에 답하십시오.

> 환절기인 요즘 갑자기 기온이 떨어져서 감기 환자가 늘고 있다. 감기에 걸리지 않기 위해서 손으로 코나 입을 만지지 않아야 한다. 그리고 손을 자주 씻는 것이 중요한데 특히 외출했다가 집에 돌아오면 바로 손을 씻어야 한다. 손을 씻을 때는 비누를 사용해야 하고 하루에 여덟 번 이상, 30초씩 씻는다. 또 환절기에는 오전과 오후의 기온이 크게 다르기 때문에 옷을 따뜻하게 입어야 한다. 그리고 따뜻한 물을 자주 마시는 것이 좋다.

1) 이 글에서 제일 하고 싶은 이야기는 무엇입니까? (　　)

❶ 손을 잘 씻어야 합니다.

❷ 물을 많이 마시면 건강해집니다.

❸ 코나 입을 만지지 말아야 합니다.

❹ 환절기에 감기에 걸리지 않게 조심해야 합니다.

2) 이 글의 내용과 같지 않은 것을 고르십시오. (　　)

❶ 요즘 날씨가 추워졌습니다.

❷ 요즘 감기에 걸린 사람이 많습니다.

❸ 손을 씻을 때 비누는 없어도 됩니다.

❹ 외출 후에 30초 동안 손을 씻는 것이 좋습니다.

3) 감기에 걸리지 않으려면 어떻게 하는 것이 좋습니까? 이야기해 봅시다.

제33과 혼자 떠나는 여행

- 혼자 여행을 해 본 적이 있습니까?
- 한국을 여행할 때 무엇이 제일 좋았습니까?

CD:65

저는 방학 때 한국의 여러 곳을 구경하고 학교에서 배운 한국말을 연습하기 위해서 한국에서 2주일 동안 여행을 한 적이 있어요. 혼자 자유롭게 여행을 하고 싶어서 계획을 세우지 않고 여행책자만 사 가지고 여행을 떠났어요.

한국에서 혼자 하는 여행이어서 긴장이 됐는데 여행지 사람들은 모두 친절했어요. 사람들은 내 서투른 한국말을 잘 들어주고 길도 잘 가르쳐 줬어요.

저는 거의 날마다 찜질방에서 잤어요. 찜질방은 값도 싸고 쉽게 찾을 수 있어서 편리했어요. 일본에도 한국 같은 찜질방이 있었으면 좋겠어요.

저는 가끔 돈을 아끼려고 지나가는 차를 얻어 타기도 했어요. 어느 날 저는 차를 얻어 타려고 한 30분 정도 기다리고 있었는데 어떤 트럭 아저씨가 지나가다가 차를 세우고 그 트럭을 타라고 하셨어요. 그 아저씨는 음료수도 주시고 내가 가고 싶은 곳까지 데려다 주셨어요.

또 하나 기억이 나는 일은 동해에 갔을 때 어떤 학생을 만난 일이에요. 그 한국 대학생은 군대에 가기 전에 혼자 여행을 하고 싶어서 부산에서 왔다고 했어요. 우리는 동해 바닷가에 앉아서 파도 소리도 듣고 같이 술도 마셨어요. 일본과 한국의 다른 점에 대한 이야기도 하고 우리의 미래에 대한 이야기도 했어요. 지금 그 학생은 무엇을 하고 있을까? 가끔 생각이 나요.

한국말이 서툴러서 고생하기는 했지만 한국의 여러 곳에서 많은 것을 직접 배울 수 있는 좋은 시간이었어요.

※ 일본 학생의 글

어휘

여행책자	traveler's guide, traveler's book	旅行雑誌	旅行手册
긴장이 되다	to be nervous	緊張する	紧张
여행지	place to travel	旅行先	旅游地点
찜질방	Korean steam room, Korean sauna	サウナを中心とした健康施設	桑拿房
아끼다	to spare	節約する	节省
얻어 타다	to get a ride	(車やバイクなどに)乗せてもらう	搭便车
트럭	truck	トラック	货车
음료수	beverage	飲料水，飲み物	饮料
기억이 나다	to remember, to recall	思い出す	记起来
군대에 가다	to go into the army, to enter the army	兵役義務のため軍に入隊する	参军
파도	wave	波	波涛
고생하다	to have a hard time	苦労する	辛苦

어휘 연습

1. 빈 칸에 알맞은 어휘를 쓰십시오.

아끼다 고생하다 얻어 타다 긴장이 되다

❶ 말하기 시험을 볼 때는 항상 (   )어요/아요/여요.

❷ 그렇게 물을 많이 쓰지 말고 (   )어/아/여 쓰세요.

❸ 제 차가 고장이 나서 저는 친구 차를 (   )고 회사에 갔어요.

❹ 한국에 처음 왔을 때 한국 음식이 입에 맞지 않고 한국말도 몰라서 많이 (   )었어요/았어요/였어요.

2. 가장 많이 하는 순서대로 번호를 쓰십시오.

❶ 가끔 김치를 먹어요.
❷ 자주 김치를 먹어요.
❸ 늘 김치를 먹어요.
❹ 거의 날마다 김치를 먹어요.
❺ 한 번도 김치를 먹은 적이 없어요.

(❸) → (   ) → (   ) → (   ) → (   )

질문

1. 이 사람은 왜 한국에서 여행을 했습니까?

2. 이 사람은 동해에서 누구를 만났습니까?

3. 이 사람에 대한 설명으로 맞는 것을 고르십시오. (　　)

❶ 여행책자를 보고 여행 계획을 세웠습니다.
❷ 동해에서 만난 사람과 자주 연락을 합니다.
❸ 트럭 아저씨께 고마워서 음료수를 드렸습니다.
❹ 돈을 아끼기 위해서 지나가는 차를 얻어 탔습니다.

4. 다음은 이번 여행에서 찍은 사진입니다. 아닌 것을 고르십시오. (　　)

❶

❷

❸

❹
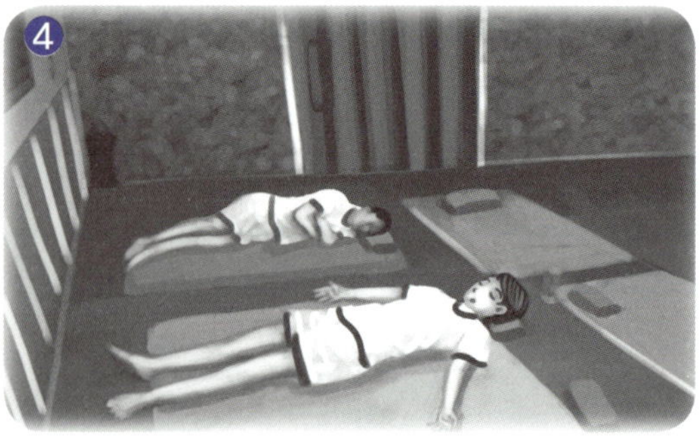

5. 여러분이 하고 싶은 여행에 대해서 이야기해 봅시다.

더 공부해 봅시다

○ 다음을 읽고 질문에 답하십시오.

『아름다운 섬을 찾아서』는 인기가 있는 사진작가가 보여주는 한국의 유명한 섬 이야기입니다. 한국의 아름다운 섬을 사진으로 볼 수 있습니다. 섬의 역사, 위치, 맛있는 음식, 주의할 점, 교통편 등이 잘 나와 있습니다.

김영수 글　정가 : 30,000원

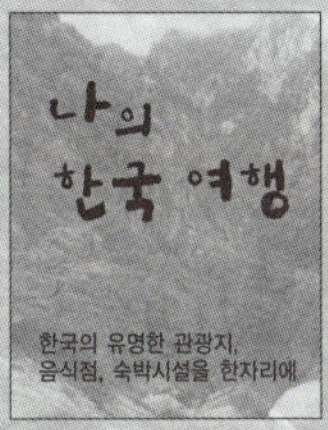

『나의 한국 여행』은 한국의 여러 관광지에 가 보고 싶어하는 사람들이 읽으면 좋은 책입니다. 한국의 유명한 관광지, 음식점, 숙박시설에 대해서 알 수 있습니다. 부록으로 여행지에서 사용할 수 있는 지도와 쿠폰이 들어 있습니다. 이 책이 있으면 한국 여행이 더 즐거워질 겁니다.

홍길동 글　정가 : 23,000원

1. 이것은 무엇을 소개하는 글입니까?

2. 여러분은 어느 책을 사고 싶습니까?

읽어 봅시다 [CD: 66]

혀끝소리 1						
	/ㄷ/	대학생	동해	닫다	들리다	군대	숟가락
	/ㄸ/	떡	따다	떠나다	똑똑하다	허리띠	맏딸
	/ㅌ/	토요일	투수	타다	갈비탕	서투르다	끝

- 동해 — 동해에 갔을 때 어떤 학생을 만난 일이 있어요.
- 대학생, 군대 — 그 한국 대학생은 군대에 가기 전에 혼자 여행을 하고 싶어서 부산에서 왔다고 했어요.
- 떠났어요 — 저는 계획을 세우지 않고 여행을 떠났어요.
- 맏딸 — 저는 3남매 중 맏딸이에요.
- 서툴러서 — 한국말이 서툴러서 고생하기는 했지만 많은 것을 배웠어요.

사진작가	photographer	写真家	摄影作家
주의하다	to be cautious, to be careful	注意する	注意
정가	fixed price	定価	定价
쿠폰	coupon	クーポン	优惠券

제34과 꿈 같은 세계 여행

- 여러분은 해외여행을 많이 해 봤습니까?
- 제일 가 보고 싶은 나라는 어디입니까?

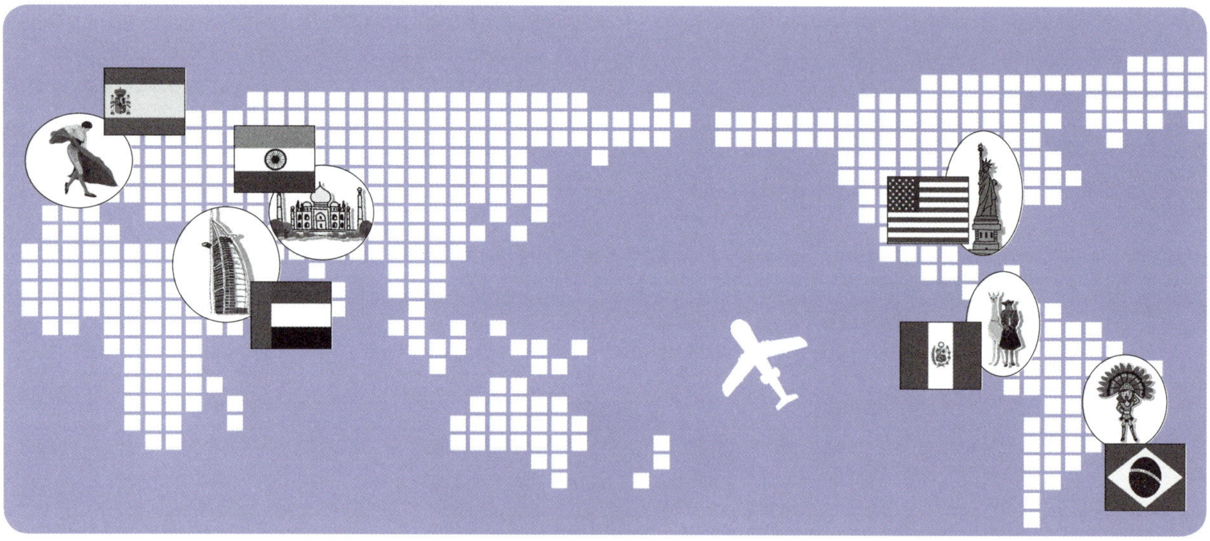

CD: 67

저는 어렸을 때부터 해외여행을 많이 했습니다. 저희 아버지께서는 사업을 하셨는데 외국으로 출장을 가시는 일이 많았습니다. 그래서 가끔 저도 아버지를 따라서 세계 여러 나라로 여행을 갈 기회가 있었습니다.

제가 아버지를 따라서 처음 갔던 곳은 두바이였습니다. 두바이는 아랍에미리트의 도시인데 크고 아름다운 건물이 많았습니다. 그곳은 날씨가 너무 더워서 다니기가 힘들었지만 모든 건물 안은 시원했고 호텔 방에는 수영장도 있었습니다.

또 저는 10살 때 미국으로 여행을 갔습니다. 그 때 마이클 잭슨의 콘서트가 있었는데 저는 그 콘서트에서 제 티셔츠에 마이클 잭슨의 사인을 받았습니다. 그 옷은 제 보물 1호입니다. 미국에서 한 달쯤 있었는데 마지막 주에 교통사고가 나서 저는 3일 동안 병원에 입원해 있었습니다. 그 때 저를 치료해 주신 스미스 선생님과 요즘도 연락합니다.

대학교 1학년 때 갔던 브라질도 기억에 남습니다. 저는 아마존 강에서 며칠 동안 보트를 탔습니다. 강에서는 언제 무슨 일이 생길지 몰라서 저는 좀 무서웠지만 그곳 사람들은 전혀 걱정을 하지 않아서 놀랐습니다. 아마존에서 본 나무와 신기한 동물들도 잊을 수 없습니다.

가족들과 같이 자동차 여행을 했던 스페인, 모래에서 스노보드를 탔던 페루, 다른 문화를 볼 수 있었던 인도 등 여러 나라에서 정말 많은 것을 배우고 느꼈습니다.

※ 학생이 발표한 이야기를 글로 엮은 것입니다.

어휘			
따르다	to accompany, go with	ついて行く	跟着
사인	autograph	サイン	签名
보물	treasure	宝物	宝贝
교통사고가 나다	to have a car accident	交通事故に遭う	发生交通事故
보트	boat	ボート	船
전혀	not at all	全く	完全

어휘 연습

1. 빈 칸에 알맞은 어휘를 쓰십시오.

보물　　전혀　　따르다　　교통사고가 나다

❶ 이건 어머니가 끼시던 반지인데 이제는 제 (　　　　　　)입니다.

❷ 친구가 운전하다가 (　　　　　　)어서/아서/여서 병원에 입원했어요.

❸ 지난 주말에 언니를 (　　　　　　)어서/아서/여서 언니 친구 집에 놀러 갔어요.

❹ 인터넷을 사용하는 것이 처음에 볼 때는 어려워 보이지만 몇 번 써 보면 (　　　　　　) 어렵지 않아요.

2. 다음과 같이 알맞게 쓰십시오.

❶ 자고 있는데 갑자기 전화가 와서 ~~어서/아서/여서~~ 놀랐어요.

❷ .... 어서/아서/여서 무서웠어요.

❸ .... 어서/아서/여서 신기했어요.

❹ .... 어서/아서/여서 힘들었어요.

질문

1. 이 사람은 어느 나라에 간 이야기를 썼습니까?

2. 미국에서는 무슨 일이 있었습니까?

3. 앞 글의 내용과 같으면 O, 다르면 X 하십시오.

❶ 이 사람은 미국에서 한 달 동안 입원해 있었습니다. ( )

❷ 이 사람은 스미스 선생님을 두바이에서 만났습니다. ( )

❸ 이 사람은 마이클 잭슨의 콘서트에 간 적이 있습니다. ( )

❹ 이 사람은 아마존 강에서 보트를 탈 때 무서웠습니다. ( )

4. 앞 글을 읽고 맞게 연결하십시오.

 ❶ • • ㉠ 

 ❷ • • ㉡ 

 ❸ • • ㉢ 

 ❹ • • ㉣ 

 ❺ • • ㉤ 

5. 여러분도 다른 나라에 가는 상상을 해 본 적이 있습니까?

더 공부해 봅시다

- 다음은 인터넷으로 항공권을 예약하는 글입니다. 읽고 여러분이 여행할 곳의 항공권을 검색해 보십시오.

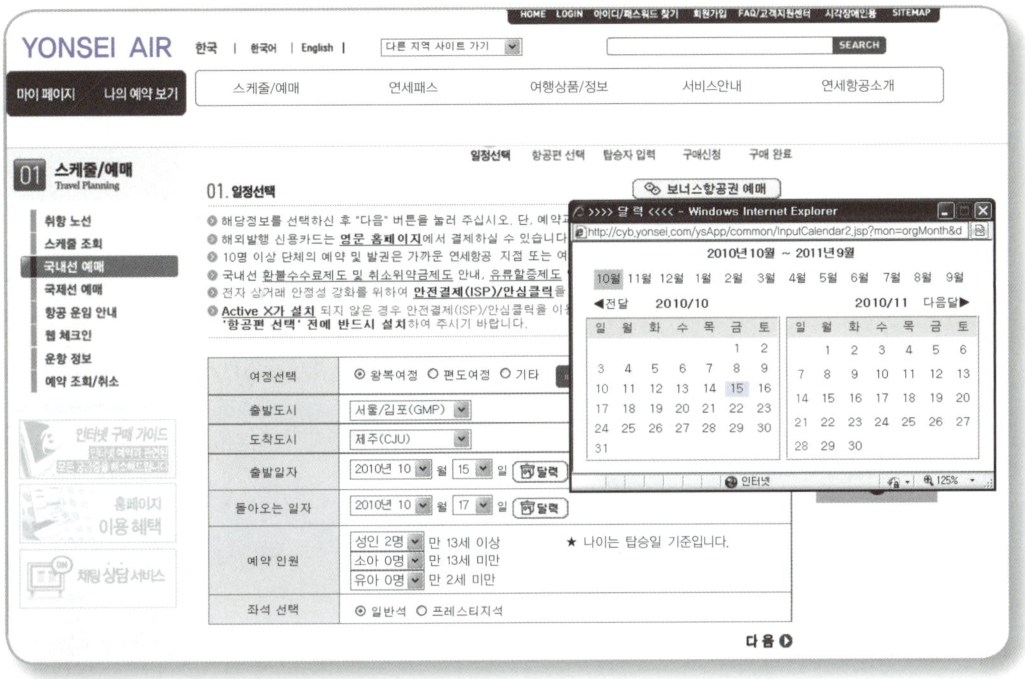

읽어 봅시다 [CD: 68]

혀끝소리 2	/ㅅ/ 사업	세계	시원하다	도시	세수	맛
	/ㅆ/ 씨름	싸다	쓰다	날씨	보쌈	비싸다

- 사업 — 아버지께서는 사업을 하셨는데 외국으로 출장을 많이 가셨습니다.
- 세계, 도시 — 저는 세계 여러 도시에 갈 기회가 많았습니다.
- 시원했고, 수영장 — 모든 건물 안은 시원했고 호텔 방에는 수영장도 있었습니다.
- 싼 — 동대문시장에 가면 값이 싼 옷집이 많아요.
- 날씨 — 그곳은 날씨가 너무 더워서 다니기가 힘들었어요.

항공권	(air)plane ticket	航空券	机票
도시명	city name	都市名	城市名称
한글	Korean (Han-gul)	ハングル	韩语
영문	English	英文	英文
키	key (button on computer keyboard)	(キーボードの)キー	键
클릭하다	to click	クリックする	点击
좌석	seating	座席	座位
일반석	economy class	一般席	普通席
일등석	executive class	ファーストクラス	一等席

제35과 여행 계획

- 여러분은 어떤 일을 하기 전에 먼저 계획을 세웁니까?
- 계획을 세우면 무엇이 좋습니까?

CD: 69

이제 곧 신나는 방학입니다. 이번 방학에는 무엇을 하겠습니까? 여러분이 꿈꾸던 여행을 떠나지 않겠습니까?

자, 그럼 지금부터 여행 계획을 세워 봅시다. 즐거운 여행을 하기 위해서 여행 계획만큼 중요한 것은 없습니다. 여행 계획을 세우기 위해서 무엇을 해야 할까요? 우선 여행을 가서 무엇을 하고 싶은지 정해야 합니다. 관광, 휴식, 문화 학습, 새로운 체험 등 여행의 목적이 무엇인지 먼저 생각해야겠지요. 다음으로 정해진 경비에 맞춰서 여행지, 여행 기간, 교통편, 숙박 시설을 알아봅니다.

여행지를 결정하면 다음으로 그곳에 대한 정보를 찾아봅니다. 가려고 하는 곳의 날씨, 음식, 물가, 볼거리 등에 대해서 알아봅니다. 여행 안내서나 인터넷에서 찾은 정보, 또는 주변 사람들에게서 들은 여행지 정보를 가지고 일정을 짜세요. 정확한 정보를 가지고 일정을 잘 짜서 떠나면 경비도 아낄 수 있고 더 즐거운 시간도 보내게 될 것입니다.

일정이 정해지면 교통편, 숙박 시설을 예약하고 필요한 경우에 여권과 비자도 준비하세요. 마지막으로 짐을 쌉니다. 여행지의 날씨에 맞는 옷과 세면 도구, 두통약이나 소화제 등 필요한 약을 준비하세요.

드디어 수업이 끝나는 날, 친구들과 인사를 한 후에 기다리고 기다리던 여행을 떠나세요!

어휘			
신나다	to be exciting	楽しい	激动, 开心
자	so, now	さぁ	好, 来
휴식	rest	休憩	休息
학습	learning	学習	学习
새롭다	to be new	新しい	新
체험	experience	体験	体验
목적	purpose	目的	目的
정보	information	情報	信息
물가	commodity price	物価	物价
짜다	to make (a plan)	計画する	制定
경우	case	場合	情况
싸다	to pack	荷造りをする	收拾, 打包
세면 도구	hygiene products	洗面道具	洗漱用品

어휘 연습

1. 빈 칸에 알맞은 어휘를 쓰십시오.

정보　　학습　　새롭다　　신나다

❶ 숙제하기 전에 인터넷에서 여러 가지 (　　　　　)을/를 찾아봤어요.

❷ 시험이 끝나면 친구들과 놀이동산에 가서 (　　　　　)게 놀고 싶어요.

❸ 이 교실은 멀티미디어 시설이 좋아서 외국어 (　　　　　)에 편리합니다.

❹ 날마다 같은 생활을 하는 것이 지루해서 (　　　　　)는/은/ㄴ 일을 시작해 보려고 합니다.

2. 다음은 여러 가지 뜻을 가진 단어입니다. 빈 칸에 알맞은 어휘를 쓰십시오.

싸다　　쓰다　　치다　　부르다

❶ 일기를 (　　　　　)다가 피곤해서 (　　　　　)는/은/ㄴ 커피를 마셨어요.

❷ 시간이 있으면 피아노를 (　　　　　)거나 테니스를 (　　　　　)어요/아요/여요.

❸ 여기서 쓰지 않는 물건을 (　　　　　)어서/아서/여서 배로 (　　　　　)게 보냈어요.

❹ 지금 배가 너무 (　　　　　)어서/아서/여서 노래를 (　　　　　)지 못하겠어요.

질문

1. 여행을 하기 전에 해야 하는 것이 무엇입니까?

2. 여행 일정을 짤 때 필요한 것이 무엇입니까?

3. 앞 글의 내용과 같으면 O, 다르면 X 하십시오.

❶ 여행가기 전에 약을 준비합니다. ( )

❷ 여행의 목적은 여러 가지가 있습니다. ( )

❸ 숙박 시설에 맞춰서 경비를 정합니다. ( )

❹ 일정을 짜려면 여행사에 가야 합니다. ( )

4. 앞 글을 읽고 여행 계획을 세우는 순서에 맞게 번호를 쓰십시오.

❶ 정보 모으기

❷ 여행지 정하기

❸ 가방 싸기

❹ 일정 짜기

❺ 목적 정하기

❻ 예약하기

(❺) → ( ) → ( ) → ( ) → ( ) → ( )

5. 여러분은 여행 계획을 세울 때 무엇을 먼저 합니까?

더 공부해 봅시다

- 다음은 '여행을 떠나요'라는 노래입니다. 읽고 노래해 봅시다.

여행을 떠나요

푸른 언덕에 배낭을 메고 황금빛 태양 축제를 여는 광야를 향해서 계곡을 향해서
먼동이 트는 이른 아침에 도시의 소음 수많은 사람 빌딩 숲속을 벗어나 봐요
메아리 소리가 들려오는 계곡 속에 흐르는 물 찾아 그곳으로 여행을 떠나요
굽이 또 굽이 깊은 산중에 시원한 바람 나를 반기네 하늘을 보며 노래 부르세
메아리 소리가 들려오는 계곡 속에 흐르는 물 찾아 그곳으로 여행을 떠나요
여행을 떠나요 즐거운 마음으로 모두 함께 떠나요
아~ 메아리 소리가 들려오는 계곡 속에 흐르는 물 찾아 그곳으로 여행을 떠나요
메아리 소리가 들려오는 계곡 속에 흐르는 물 찾아 그곳으로 여행을 떠나요

읽어 봅시다 [CD: 70]

입술소리							
	/ㅂ/ 불	방학	바르다	비비다	경비	정보
	/ㅃ/ 뿔	뽀뽀	깜빡	빼다	삐다	기쁘다
	/ㅍ/ 풀	풍습	교통편	팔다	편리하다	필요하다
	/ㅁ/ 말	문화	목적	맞다	모이다	꿈

- 방학 — 이제 곧 신나는 방학입니다.
- 정보, 경비 — 정확한 정보를 가지고 여행을 떠나면 경비도 아낄 수 있다.
- 깜빡 — 깜빡 잊어버리고 숙제를 안 가지고 왔습니다.
- 교통편, 필요한 — 교통편, 숙박 시설을 예약하고 필요한 경우에 여권과 비자도 준비하세요.
- 문화, 목적, 먼저 — 관광, 휴식, 문화 학습 등 여행의 목적이 무엇인지 먼저 생각해야겠지요.

푸르다	to be green	青い	青
언덕	hill	丘	山丘
배낭	backpack	リュックサック	背包
메다	to put on the back	背負う	背
황금빛	golden beam	黄金色	金色
광야	field	広野	旷野
계곡	valley	渓谷	溪谷
먼동	day breaks	夜が(明ける)	黎明时的东方
트다	to break	(夜が)明ける	天发亮
이르다	to be early	早い	到
소음	noise	騒音	噪音
벗어나다	to get out of	抜け出す	摆脱
메아리	echo	やまびこ	回音
떠나다	to leave	緩やかなカーブのついた山道	山脚
굽이	turn	山中	山中
산중	midst of the mountain	出発する	出发
반기다	to welcome	歓迎する	欢迎

제36과 추천하고 싶은 여행지

- 가 보고 싶은 여행지는 어떤 곳입니까?
- 여행지에 대해서 알고 싶으면 어떻게 합니까?

CD: 71

한국에서 여행을 해 봤습니까? '한국' 하면 어디가 생각납니까? 제주도, 설악산, 경주에 대해서 잘 알고 있을 겁니다. 자연의 아름다움, 특히 나무와 숲을 좋아하는 사람에게 저는 보성의 녹차 밭과 담양의 대나무 숲을 추천하고 싶습니다.

보성의 녹차 밭은 경치가 아름다워서 영화와 드라마를 많이 찍은 곳입니다. 넓은 차 밭의 초록빛이 얼마나 아름다운지 모릅니다. 해마다 5월에 차축제가 열리는데 그때는 찻잎 따기, 차 만들기, 다도 배우기 행사가 있습니다. 보성은 녹차 삼겹살이 유명하고 근처에 해수욕장이 있어서 바다도 같이 즐길 수 있습니다.

담양은 조용히 대나무 숲을 산책하려고 하는 사람들에게 좋은 곳입니다. 시원한 바람 소리도 듣고 대나무 숲길도 걸으면 기분이 좋아질 겁니다. 그리고 대나무 숲에서 나오는 깨끗한 공기를 마시고 명상하면 머리도 맑아지고 스트레스도 풀릴 겁니다.

한 번에 두 곳을 다 가 보고 싶으면 여행사 단체 관광 상품을 이용하는 게 좋습니다. 용산역에서 KTX를 타면 정읍역까지 2시간 30분쯤 걸립니다. 거기에서 여행사 버스를 타고 두 곳을 구경하면 시간도 아낄 수 있고 여행 경비도 많이 들지 않습니다. 하루에 갔다가 올 수 있으니까 주말에 한번 가 보세요.

어휘			
보성	Boseong	宝城 (全羅南道の地名)	宝城
녹차	green tea	緑茶	绿茶
밭	field	畑	地
담양	Damyang	潭陽 (全羅南道の地名)	潭阳
대나무	bamboo	竹	竹子
초록빛	green color, greenish	緑色	草绿色
찻잎	tea leaf	茶の葉	茶叶
따다	to pick	摘む	摘
다도	tea-enjoying etiquette	茶道	茶道
즐기다	to enjoy	楽しむ	享受
명상하다	to meditate, to contemplate	瞑想する	冥想
정읍	Jeongeup	井邑 (全羅北道の地名)	井邑

어휘 연습

1. 빈 칸에 알맞은 어휘를 쓰십시오.

밭　　따다　　즐기다　　명상하다

❶ 사람들이 사과나무에서 사과를 (　　　　　)고 있습니다.

❷ 집 앞에 있는 우리 (　　　　　)에서 고추, 오이, 토마토를 따서 먹으니까 좋아요.

❸ 머리가 아프거나 스트레스가 많이 쌓였을 때 조용히 (　　　　　)으면/면 기분이 좋아질 거예요.

❹ 설악산 근처에 동해 바다가 있으니까 산과 바다를 같이 (　　　　　)으려면/려면 설악산으로 가세요.

2. 맞게 연결하십시오.

❶ 대나무	•	•	㉠ 밭
❷ 쌀	•	•	㉡ 숲
❸ 배추	•	•	㉢ 강
❹ 물고기	•	•	㉣ 논

질문

1. 이 사람은 어디를 추천했습니까? 왜 거기를 추천했습니까?

2. 이 사람이 추천한 두 곳을 하루에 다 가 보려면 어떻게 하는 것이 좋습니까?

3. 다음 중 맞는 것을 고르십시오. (　　)

❶ 보성에 가면 다도를 배울 수 있습니다.
❷ 이 사람은 1박 2일 여행을 추천하고 있습니다.
❸ 이 사람이 추천하는 곳은 서울 근처에 있습니다.
❹ 용산역에서 보성역까지 KTX로 2시간 반 걸립니다.

4. 앞 글을 읽고 맞게 연결하십시오.

❶ 보성에 있습니다. •
❷ 담양에 있습니다. •
❸ 5월에 축제가 열립니다. •
❹ 근처에 바다가 있습니다. •
❺ 조용히 산책하기 좋은 곳입니다. •
❻ 영화와 드라마를 많이 찍은 곳입니다. •

• ㉠ 녹차 밭
• ㉡ 대나무숲

5. 여러분 나라로 여행을 가려고 하는 친구에게 어디를 추천하겠습니까?

더 공부해 봅시다

○ 다음은 '주말 프로그램'을 소개한 신문 기사입니다. 읽고 질문에 답하십시오.

주말프로그램

서울시는 4월부터 매주 주말에 '숲속여행' 프로그램을 시작한다. 이 프로그램은 남산, 인왕산, 관악산 등 20곳의 산과 공원에서 안내인과 함께 숲길을 걷는 것이다. 안내인은 나무, 꽃, 새에 대한 설명을 해 준다. 서울에 사는 사람이면 누구든지 무료로 참여할 수 있다. 참여를 원하는 사람은 서울시 숲속여행 프로그램 홈페이지(san.seoul.go.kr)에서 온라인으로 예약하거나 전화로 신청하면 된다.

특히 남산공원은 차가 다니지 않아서 안전하게 산책할 수 있는 곳이다. 남산을 찾는 사람들을 위해서 일요일마다 '남산 숲 여행' 프로그램이 열린다. 이 프로그램은 식물원에서 서울타워까지 걸어 올라가는 것인데 가는 동안 안내인이 남산의 역사와 문화에 대해서 친절하게 설명해 준다.

1. '숲속여행' 프로그램은 어떤 프로그램입니까?

2. '숲속여행' 프로그램에 참여하려면 어떻게 해야 합니까?

3. '남산 숲 여행' 프로그램은 어떤 프로그램입니까?

읽어 봅시다 [CD: 72]

받침소리 1 /ㅂ, ㅍ, ㅄ/ → [ㅂ]

- 밥[밥] 강아지에게 밥을 갖다가 줘라.
- 숲[숩] 시원한 바람 소리도 듣고 대나무 숲길도 걸으면 기분이 좋아질 겁니다.
- 잎[입] 해마다 5월에는 찻잎 따기 행사가 있습니다.
- 값[갑] 값도 비싸고 질도 별로 안 좋아요.
- 없었어요[업써써요] 집에 가니까 아무도 없었어요.

남산	Namsan	南山	南山
인왕산	Mt. Inwang	仁王山	仁王山
관악산	Mt. Kwanak	冠岳山	冠岳山
안내인	guide	ガイド	解说人员
참여하다	to participate	参加する	参与
홈페이지	homepage	ホームページ	主页
온라인	online	オンライン	在线, 上网
식물원	botanical garden	植物園	植物园

33-36과 확인해 봅시다

1. 다음을 읽어 봅시다.

❶ 한국말이 서툴러서 고생하기는 했지만 많은 것을 배웠어요.
❷ 저는 세계 여러 도시에 갈 기회가 많았습니다.
❸ 정확한 정보를 가지고 여행을 떠나면 경비도 아낄 수 있다.
❹ 해마다 5월에는 찻잎 따기 행사가 있습니다.

2. 다음 질문에 답하십시오.

1) 두 어휘가 서로 어울리지 않는 것을 고르십시오. ( )

❶ 기억 : 나다 ❷ 긴장 : 되다 ❸ 말 : 서투르다 ❹ 문화 : 짜다

2) 무엇을 이야기하고 있습니까? 알맞은 것을 고르십시오. ( )

비누, 치약, 칫솔, 수건 등 씻을 때 필요한 물건입니다.

❶ 화장품 ❷ 목욕용품 ❸ 세면도구 ❹ 세수도구

3) 알맞은 어휘를 고르십시오. ( )

요즘 경제가 어려운데 음식 값, 지하철 요금, 옷 값 등 ( )이/가 많이 올라서 살기가 더 힘들어요.

❶ 가격 ❷ 물가 ❸ 식비 ❹ 교통비

4) 다음을 읽고 알 수 없는 것을 고르십시오. ( )

❶ 도착지
❷ 버스 요금
❸ 도착 시간
❹ 출발 일시

2010년 9월 3일
19:20 출발 **남서울 ▶ 북청주**
어른 2명 12,000원
남서울고속버스회사(02-521-8550)

3. 다음의 내용과 같은 것을 고르십시오. (　　)

> 저는 지난 여름에 친구와 같이 부산에 갔습니다. 더운 여름에는 바다를 찾는 사람이 많아서 해수욕장은 아주 복잡했습니다. 그래서 쉬고 온 것 같지 않고 사람 구경을 하고 온 것 같습니다. 다음 휴가에는 복잡하지 않은 산으로 가고 싶습니다.

❶ 이 사람은 바다를 좋아합니다.

❷ 이 사람은 다음에 산에 가고 싶어합니다.

❸ 날씨가 더울 때는 산에 가는 것이 좋습니다.

❹ 지난 여름에 부산에 갔는데 사람 구경이 재미있었습니다.

4. 다음을 읽고 질문에 답하십시오.

> 여행을 떠나려면 무엇을 준비해야 합니까? 먼저 어디에 갈지, 언제 갈지를 정합니다. (ⓐ) 그 계획에 따라서 교통편과 숙박 시설을 알아봅니다. (㉠) 휴가철에는 표를 구하기 어려운 경우도 있으니까 먼저 교통편을 예약하는 것이 좋습니다. (㉡) 숙박 시설은 인터넷으로 잘 알아보면 싸게 예약할 수 있는 곳도 많습니다. (㉢) 그렇지만 너무 싼 것만 찾는 것은 좋지 않습니다. (㉣) 마지막으로 여행에 꼭 필요한 물건만 준비해서 가볍게 가방을 쌉니다.

1) ⓐ에 들어갈 알맞은 말을 고르십시오. (　　)

❶ 그러나　　❷ 그런데　　❸ 그래서　　❹ 그리고

2) 다음 문장이 들어갈 곳을 고르십시오. (　　)

> 너무 싸면 교통편이 불편하거나 시설이 안 좋은 경우도 많습니다.

❶ ㉠　　❷ ㉡　　❸ ㉢　　❹ ㉣

3) 여행 준비를 할 때 인터넷으로 예약하는 것의 좋은 점과 나쁜 점을 이야기해 봅시다.

제37과 방 청소

- 여러분 방은 어떻습니까?
- 얼마나 자주 청소를 합니까?

CD: 73

Q

저는 혼자 자취를 하는 남학생입니다. 자취 생활은 자유롭기는 하지만 집이 항상 지저분한 것이 문제예요. 그렇지만 게으른 저는 청소하는 것을 싫어합니다. 집에 들어오면 아무 것도 하고 싶지 않습니다. 학교에서 돌아오면 피곤해서 침대에 누워 있고 싶습니다. 청소를 할까 하다가 더러운 방을 보면 무엇을 어떻게 치워야 할지 모르겠어요. 방이 더러우면 더러울수록 더 청소를 하기 싫어져요. 좀 쉽게 청소하는 방법이 있으면 가르쳐 주세요.

A

집에 들어가면 우선 창문을 활짝 열어 보세요. 그럼 깨끗하게 청소하고 싶은 기분이 들 거예요. 먼저 바닥에 놓여 있는 큰 물건부터 치우세요. 방이 좀 깨끗해 보일 거예요. 다음으로 필요가 없는 것은 모두 버리세요. 아끼는 물건이어도 1년 동안 한 번도 쓴 적이 없으면 버리는 것이 좋아요. 그리고 이제부터 '5분 청소'를 시작하세요. 한 가지 일이 끝나면 5분 동안 꼭 청소를 하는 거예요. 예를 들어 숙제를 한 후에는 5분만 책상 위를 치우세요. 보던 책을 바로 책꽂이에 꽂으면 깨끗해질 거예요. 피자를 먹은 후에는 바로 상을 치우고 쓰레기를 버리세요. 집에 돌아와서 침대에 눕기 전에 옷을 갈아입고 벗은 옷을 옷장 안에 잘 넣으세요. 5분이면 다 할 수 있어요. 이렇게 일주일 동안 5분만 청소를 계속 해 보세요. 일주일 후에는 마법같이 깨끗해져 있을 거예요.

어휘			
자취	living and cooking for oneself	自炊	自炊, 自己做饭
지저분하다	to be messy	散らかっている	乱七八糟
눕다	to lay down	横になる	躺
활짝	wide-open	パッと	(开得)大大的
바닥	floor	底	地板, 地面
필요가 없다	to be needless	必要がない	没有用
예를 들다	to take an example	例を上げる	举例
치우다	to clean	片付ける	收拾
꽂다	to put in	挿込む	插
쓰레기	trash	ごみ	垃圾
마법	magic	魔法	魔法

어휘 연습

1. 빈 칸에 알맞은 어휘를 쓰십시오.

꽂다　　눕다　　예를 들다　　지저분하다

❶ 이 꽃을 꽃병에 (　　　　　)어서/아서/여서 책상에 놓으세요.

❷ 집에 돌아가면 피곤해서 우선 침대에 (　　　　　)고 싶어져요.

❸ 잘 이해할 수 없으니까 (　　　　　)어서/아서/여서 설명해 주세요.

❹ 학생들이 버리고 간 쓰레기 때문에 교실이 (　　　　　)어요/아요/여요.

2. 빈 칸에 알맞은 어휘를 쓰십시오.

닦다　　쓸다　　씻다　　치우다

오늘은 청소를 했습니다.

먼저 신지 않는 신발을 신발장 안에 넣고 현관을 (　　　　　)었습니다/았습니다/였습니다. 다음에 여기저기에 지저분하게 놓여 있는 물건들을 (　　　　　)고 더러워진 창문도 깨끗하게 (　　　　　)었습니다/았습니다/였습니다. 그리고 꽃병을 물로 잘 (　　　　　)은/ㄴ 후에 테이블 위에 놓았습니다. 청소를 한 후에 기분이 좋아졌습니다.

질문

1. 질문을 한 사람의 문제는 무엇입니까?

2. '5분 청소'는 무엇입니까?

3. 앞 글의 내용과 같은 것을 고르십시오. (　　　)

❶ 청소는 하루에 5분만 합니다.
❷ 일이 끝날 때마다 청소합니다.
❸ 일주일 후에 마법사가 방을 청소해 줍니다.
❹ 피자를 먹고 5분 후에 청소를 시작합니다.

4. '5분 청소'인 것을 모두 고르십시오. (　　　)

❶ 날마다 빨래를 합니다.
❷ 식사한 후에 상을 닦습니다.
❸ 화장실 청소는 자기 전에 합니다.
❹ 쓰레기는 모아서 한 번에 버립니다.
❺ 먹고 남은 음식을 바로 냉장고에 넣습니다.

5. 여러분은 쉽게 청소하는 방법을 알고 있습니까? 반 친구들에게 가르쳐 주십시오.

더 공부해 봅시다

○ 다음은 상담을 받고 싶어서 쓴 글입니다. 읽고 질문에 답하십시오.

지식IN | 검색 | 로그인 | 메일 | 카페 | 블로그 | 더보기

Q&A | 고민Q&A | 오픈사전 | 사람들 | 베스트 | ? 질문하기

홈 〉 Q&A ▼ +관심

Q : 저는 하숙집 방 친구와 같이 산 지 1년이 됐습니다. 그 동안 우리는 아주 친하게 잘 지냈습니다. 힘든 일이 있을 때 저는 누구보다 먼저 제 방 친구에게 이야기합니다. 그런데 제가 방 친구에게 말하지 못하는 것이 하나 있습니다. 그것은 바로 방 청소 이야기입니다. 제 방 친구는 청소하는 것을 아주 싫어해서 제가 방을 청소하자고 하면 "알았어."하고 대답만 하고 청소는 하지 않습니다. 그때마다 정말 화가 납니다. 친구와 싸우기가 싫어서 제가 청소를 하기는 하지만 날마다 저만 청소를 하니까 점점 짜증이 납니다. 제가 방 친구와 싸우지 않고 같이 청소를 할 수 있는 방법이 있으면 가르쳐 주세요.

1. 이 사람은 왜 이 글을 썼습니까?

2. 이 사람이 어떻게 하는 것이 좋을까요? 같이 이야기해 봅시다.

읽어 봅시다 [CD: 74]

받침소리 2 /ㄷ, ㅌ, ㅅ, ㅆ, ㅈ, ㅊ/ → [ㄷ]

- 밭[받], 빛[빋] — 넓은 차 밭의 초록빛이 얼마나 아름다운지 모릅니다.
- 벗지[벋찌] — 신발을 벗지 말고 들어오세요.
- 있고[읻꼬] — 피곤해서 침대에 누워 있고 싶습니다.
- 꽂습니다[꼳씀니다] — 동생이 책꽂이에 책을 꽂습니다.
- 꽃[꼳] — 꽃도 많고 나무도 많아서 경치가 좋아요.

짜증이 나다	to feel irritated	ムカつく, イライラする	烦心

제38과 이사하는 날

- 사람들은 언제 이사를 합니까?
- 어떤 집으로 이사하고 싶습니까?

CD: 75

저는 한국에 온 지 6개월 됐어요. 제가 한국에 처음 왔을 때 살았던 방은 깨끗하고 처음에는 방 값도 싸서 마음에 들었어요. 그런데 옆 방 사람이 너무 시끄럽고 방 값도 올라서 저는 한 달 전부터 이사해야겠다고 생각했어요.

제가 기숙사에서 살지 하숙집에서 살지 결정을 못하고 있는데 친한 친구가 학교 근처에 있는 하숙집을 소개해 줬어요. 그 하숙집에 가 보니까 햇빛이 잘 들어서 방이 밝고 조용했어요. 그리고 교통편도 좋은 데다가 하숙비도 싸서 저는 거기에서 살기로 했어요.

이삿짐센터를 이용하면 편하게 이사할 수 있지만 저는 짐이 많지 않아서 친구들에게 도와 달라고 부탁했어요. 친구들은 이삿날 아침 일찍 와서 짐 싸는 것과 옮기는 것을 도와줬어요. 친구들과 같이 일을 하니까 별로 힘들지 않고 재미있었어요. 우리는 콜택시로 짐을 옮겼어요. 새 하숙집까지 택시로 15분밖에 걸리지 않았어요.

우리는 짐을 정리한 후 중국집에서 자장면과 탕수육을 배달시켜서 먹었어요. 일을 하고 먹어서 그런지 정말 맛있었어요. 하숙집 아주머니가 썰어 주신 수박도 아주 맛있었어요. 이사하기 전에 걱정을 많이 했는데 친구들이 도와줘서 이사가 무사히 잘 끝났어요. 제가 어렵고 힘들 때마다 저를 도와주는 친구들이 정말 고마워요. 저는 한국에서 사는 동안 친구들과 좋은 추억을 많이 쌓고 싶어요.

어휘			
오르다	to go up, to rise	上がる	上涨
햇빛이 들다	sunlight to come through	日当たりが良い	采光
하숙비	charge for board and lodging	下宿代	下宿费用
콜택시	call taxi	電話をかけて呼ぶタクシー	电话叫车
배달시키다	to get something delivered	出前をとる	叫外卖
무사히	safely	無事に	平安无事地
추억을 쌓다	to make memories	思い出を作る	留下回忆

어휘 연습

1. 빈 칸에 알맞은 어휘를 쓰십시오.

무사히　　오르다　　배달시키다　　추억을 쌓다

❶ 비가 와서 채소 값이 많이 (　　　　　)었어요/았어요/였어요.

❷ 한국에서 유학 생활을 하는 동안 아름다운 (　　　　　)고 싶어요.

❸ 슈퍼마켓에서 산 물건이 너무 무거워서 (　　　　　)었어요/았어요/였어요.

❹ 눈이 많이 와서 비행기가 잘 갈 수 있을까 걱정을 많이 했는데 (　　　　　) 공항에 도착했어요.

2. 빈 칸에 모두 어울리는 어휘를 쓰십시오.　　　(　　　　　)

❶ 그 옷이 예뻐서 마음에 .... 어요/아요/여요.

❷ 선생님이 책을 .... 고 교실 안으로 들어오십니다.

❸ 외국에 사니까 생활비가 많이 .... 어요/아요/여요.

❹ 이 방은 창문이 커서 햇빛이 잘 .... 어요/아요/여요.

질문

1. 이 사람은 어디로 이사했습니까? 왜 거기로 이사하기로 했습니까?

2. 이 사람은 어떻게 짐을 옮겼습니까?

3. 맞는 것을 고르십시오. (　　)

❶ 이삿짐이 많아서 이사하는 게 좀 힘들었습니다.

❷ 친구들이 가지고 온 수박이 아주 맛있었습니다.

❸ 전에 살았던 집에서 이 하숙집까지 멀지 않습니다.

❹ 친구들과 중국집에서 자장면과 탕수육을 먹었습니다.

4. 이 사람이 한 일입니다. 순서대로 번호를 쓰십시오.

❶ 6개월 전에 한국에 왔어요.

❷ 학교 근처 하숙집에 가 봤어요.

❸ 친구들이 짐 싸는 것을 도와줬어요.

❹ 학교 근처 하숙집으로 짐을 옮겼어요.

❺ 친구들과 자장면과 탕수육을 먹었어요.

❻ 친구가 학교 근처 하숙집을 소개해 줬어요.

(❶) → (　　) → (　　) → (　　) → (　　) → (　　)

5. 여러분은 이사할 때 무엇이 제일 힘듭니까?

더 공부해 봅시다

- 다음은 광고입니다. 읽고 질문에 답하십시오.

좋은 하숙집을 찾으시는 분 ^-^

연락처 : 010-5678-****

연대 동문에서 1분 거리에 있는 3층 건물입니다.
방은 2층에 있고 방에는 침대와 에어컨이 있습니다.
맛있는 아침과 저녁을 드립니다. 한 달에 50만 원입니다.

좋은 방이 있습니다. 좋은 친구도 있습니다!

연락처 : 010-****-8765

깨끗하고 좋은 아파트에서 살고 싶지 않으십니까? 지금 3명이 살고 있는데 방 하나가 비었습니다. 지하철역에서 걸어서 2분 거리에 있고 집 근처에 할인마트가 있어서 편리합니다. 거실에는 텔레비전과 에어컨이 있고 거실에서 한강이 보입니다. 보증금 7000만 원에 월 60만 원입니다.

원룸을 찾으시는 분!!

집 : 031-****-4567 휴대전화 : 010-9876-****

앞에 호수공원이 있어서 공기도 좋고 전망도 좋습니다. 지하철역도 가깝고 버스 정류장도 가깝습니다.
근처에 백화점과 은행이 있어서 생활하기가 편리합니다.
보증금 3000만 원에 월 45만 원입니다.
지금 바로 전화해 주세요.

1. 누구에게 필요한 글입니까?

2. 여러분이 방을 찾고 있습니다. 어디에 전화를 하겠습니까?

읽어 봅시다 [CD1: 76]

받침소리 3 /ㅁ, ㄻ/ → [ㅁ]

• 짐[짐]	나는 짐이 많지 않아서 친구들에게 도와 달라고 부탁했다.
• 옮겼어요[옴겨써요]	우리는 콜택시로 짐을 옮겼어요.
• 감고[감꼬]	눈을 감고 있는 걸 보니 피곤한가 봐요.
• 삶지[삼찌]	밤을 삶지 말고 구워서 먹자.
• 젊고[점꼬]	젊고 똑똑한 사람을 추천해 주세요.

호수공원	Lake park	湖のある公園	湖水公园

제39과 로봇과 생활

- 제일 하기 싫은 집안일은 무엇입니까?
- 로봇은 어떤 일을 할 수 있습니까?

CD: 77

할머니께서는 가끔 우리 집에 오시는데 오시면 늘 같은 이야기를 하신다. 세상 참 좋아졌다고. 할머니께서 어렸을 때는 수도나 전기 같은 것이 없어서 직접 불을 피워서 밥을 하고 강에 가서 손으로 빨래를 했다고 한다. 그래서 할머니는 하루 종일 집안일을 하셨다고 하는데 나는 그런 할머니의 생활을 상상도 할 수 없다.

내가 어렸을 때는 세탁기나 청소기 같은 여러 가지 가전제품이 있어서 편하기는 했지만 사람이 하나하나 직접 작동해야 했다.

그런데 요즘은 모든 기능을 가진 가사 로봇이 집안일을 다 알아서 해 준다. 여러 가지 센서를 가진 이 로봇은 청소를 하면서 집안의 공기도 깨끗하게 해 준다. 그리고 옷장을 열고 레이저로 물도 없이 더러운 옷을 깨끗하게 세탁한다. 이 로봇은 내 기분이나 건강 상태를 보고 내가 먹고 싶은 음식을 광센서로 10분 만에 요리해 준다. 그리고 내가 음식을 다 먹으면 그릇도 나노센서로 닦는다.

몇 주 전에는 새로 나온 마사지 프로그램을 사서 넣었는데 어깨, 팔, 다리도 아주 잘 주무른다. 다림질 프로그램도 추가해 보니까 세탁소 아저씨보다 다림질도 더 잘 한다. 내가 원하는 것을 알아서 해 주는 로봇이 있으니까 귀찮은 집안일을 아무 문제없이 다 할 수 있다.

사람들은 이 로봇 때문에 요즘은 혼자 사는 것이 편해졌다고 한다. 나는 다른 사람들과 있는 것보다 이 로봇과 있는 것이 훨씬 더 좋다. 다음 달에는 생활비를 아껴서 새로 나온 프로그램을 더 사야겠다.

어휘			
로봇	robot	ロボット	机器人
수도	tap water	水道	水道
작동하다	to activate	動かす, 作動させる	运转
가사	housekeeping	家事	家务
센서	sensor	センサー	感应器, 传感器
레이저	laser	レーザー	激光
상태	condition	状態	状态
주무르다	to knead	揉む	揉
추가하다	to add on	追加する	附加
세탁소	laundry	クリーニング	洗衣店
다림질	ironing	アイロンがけ	熨衣服
귀찮다	to be tired of	めんどくさい	麻烦
훨씬	a lot, by far	もっと	更

어휘 연습

1. 빈 칸에 알맞은 어휘를 쓰십시오.

귀찮다　　작동하다　　주무르다　　추가하다

❶ 오늘은 너무 피곤한데 아이가 같이 놀아 달라고 (　　　　　)게 해서 힘들어요.

❷ 어머니께서 집안일을 하고 힘들어하시면 제가 가끔 어깨를 (　　　　　)어/아/여 드려요.

❸ 이 가전제품을 (　　　　　)으려면/려면 제일 위에 있는 빨간색 버튼을 누르시면 됩니다.

❹ 제 컴퓨터에 여러 가지 게임을 할 수 있는 새로운 기능을 (　　　　　)었어요/았어요/였어요.

2. 다음과 같이 알맞은 어휘를 쓰십시오.

❶ 밥솥으로 ~~으로/로~~ 밥을 합니다.

❷ ………………… 으로/로 청소를 합니다.

❸ ………………… 으로/로 빨래를 합니다.

❹ ………………… 으로/로 다림질을 합니다.

YONSEI KOREAN READING 2

질문

1. 앞 글은 무엇에 대한 이야기입니까?

2. 이 사람이 어렸을 때 쓰던 가전제품과 요즘의 가사 로봇은 무엇이 다릅니까?

3. 앞 글의 내용과 같으면 O, 다르면 X 하십시오.

❶ 옛날에 할머니는 하루종일 집안일을 하셨습니다. ( )

❷ 다음 달에 새로 나온 로봇을 더 사려고 합니다. ( )

❸ 요즘 로봇에는 여러 가지 기능을 추가할 수 있습니다. ( )

❹ 로봇 때문에 집안일이 편해져서 혼자 사는 것이 편해졌습니다. ( )

4. 이 로봇의 기능입니다. 표를 완성하십시오.

	일의 종류	내 용
1	청소	청소를 하면서 집안의 공기도 깨끗하게 한다.
2	빨래	❶
3	❷	❸
4	❹	❺
5	❻	❼
6	❽	❾

5. 여러분은 이 로봇이 어떤 일을 더 할 수 있었으면 좋겠습니까? 이런 로봇이 있으면 어떤 점이 좋고 어떤 점이 나쁠까요?

더 공부해 봅시다

- 다음은 미래의 신문 기사입니다. 읽고 질문에 답하십시오.

> **연세경제신문** 2036년 12월 19일
>
> 최근 지어진 XX아파트는 최첨단 시스템으로 인기를 모으고 있다.
>
> 아파트 정문의 입구에 서면 첨단 시스템이 얼굴이나 손을 확인한 후 문을 열어 주고 그 사람이 살고 있는 아파트의 조명과 온도 조절 장치를 켠다.
>
> 거실의 벽은 텔레비전, 또는 전자책이나 컴퓨터 화면으로 쓸 수 있고 그런 기능을 끄면 사용자의 기분에 맞는 그림으로 변한다. 아침이 되면 옷장의 거울은 오늘 날씨에 맞는 옷을 추천해 주고 그 옷을 입은 모습까지 보여 준다. 집의 모든 방에는 자동 청소 기능이 있어서 사람이 따로 청소를 할 필요가 없다.
>
> 욕실의 첨단 시스템은 물의 온도를 사용자에게 맞춰 주고 사용자가 좋아하는 향기로 하루를 기분 좋게 시작할 수 있게 해 준다. 화장실의 거울은 사용자에게 필요한 뉴스만 골라서 보여 준다. 냉장고는 필요한 식품과 음료를 알아서 주문한다.
>
> 내년에 지어질 XX아파트에서는 또 어떤 시스템이 나올지 기대가 된다.
>
> 김지섭 기자(kjs@yonsei.com)

1. 이 아파트 벽에는 어떤 기능이 있습니까?

2. 이 아파트에서 거울은 어떤 일을 합니까?

읽어 봅시다 [CD: 78]

받침소리 4 /ㄱ, ㄲ, ㅋ, ㄺ/ → [ㄱ]

- 음식[음식] 이 로봇은 내가 먹고 싶은 음식을 10분 만에 요리해 준다.
- 밖[박] 밖은 더우니까 안에서 놀아라.
- 닦습니다[닥씀니다] 내가 음식을 다 먹으면 그릇도 나노센서로 닦습니다.
- 부엌[부억] 거실도 넓고 부엌도 넓고 집이 아주 커요.
- 닭고기[닥꼬기] 저는 돼지고기보다 닭고기를 더 좋아해요.

최첨단	innovative, cutting edge	最先端	最尖端
시스템	system	システム	系统
첨단	high technology	先端	尖端
조명	lightening	照明	照明
온도	temperature	温度	温度
조절	adjustment, setting	調節	调节
장치	gear	装置	装置
전자책	electronic book	電子ブック	电子书

제40과 다양한 집안일 도우미

- 도우미는 무엇을 하는 사람입니까?
- 여러분 나라에도 도우미가 있습니까?

CD: 79

지난주에 친한 한국 친구가 아기를 낳아서 친구들과 아기 옷을 사 가지고 친구 집에 놀러 갔습니다.

아기를 낳은 친구는 얼굴도 좀 붓고 힘들어 보였습니다. 한국에서는 아기를 낳으면 1주일 정도는 목욕도 하지 않고 집안일도 잘 하지 않는다고 합니다. 친구 집에는 친구의 어머니같이 보이는 분이 아기를 돌보고 계셨습니다.

"어머니이셔?"

"아니야, 산후 도우미이셔. 예전에는 어머니들이 산후에 산모와 아기를 도와주셨는데 요즘은 전문적으로 이런 일을 해 주시는 분들이 많아. 어머니가 도와주시면 제일 좋겠지만 우리 어머니도 요즘 건강이 안 좋으셔서 산후 도우미를 불렀어."

내가 우리나라에는 이런 직업이 없다고 하니까 친구들이 한국에 있는 여러 종류의 도우미에 대해서 이야기해 주었습니다.

"우리 집에도 일주일에 두 번 집안일을 도와주는 가사 도우미가 와. 부부가 다 일을 하는 집에서는 바쁜 엄마와 아빠를 위해서 아이를 돌보는 육아 도우미도 많이 쓴다고 해."

"맞아. 아픈 사람을 돌보는 간병인도 있지. 요즘은 장을 봐 주는 쇼퍼도 있어."

"나도 전에 아팠을 때 약을 사러 가기가 힘들어서 심부름 도우미를 부른 적이 있어. 그 도우미는 전등 바꾸기 같은 여자들이 하기 어려운 일도 도와준다고 했어. 아, 그리고 우리 아파트 윗집에 사는 사람은 바쁠 때 애완동물을 산책시켜 주는 애완동물 산책 도우미를 불러."

한국에 참 여러 종류의 도우미가 있다는 것을 알게 되었습니다. 우리나라에도 이런 도우미가 있었으면 좋겠습니다.

어휘			
산후	after childbirth	産後	产后
도우미	helper	ヘルパー, お手伝いさん	帮手
예전	long ago	以前	以前
산모	woman in childbed	出産を終えた母親	产妇
전문적	professional	専門的	专业的
육아	childcare	育児	育儿
간병인	caregivers	看病をしてくれる人	护工
장을 보다	to go food shopping	買い物をする	赶集
쇼퍼	Shopper	ショッパー	替别人去商场购物的人
심부름	errand	おつかい	跑腿
전등	electric light	蛍光灯	电灯
애완동물	pet	ペット	宠物

어휘 연습

1. 빈 칸에 알맞은 어휘를 쓰십시오.

예전　　육아　　심부름　　전문적

❶ 요즘 일을 하는 여성이 늘어나서 (　　　　　) 문제로 고민하는 사람들이 많습니다.

❷ (　　　　　)에는 결혼하면 다 아이를 낳았는데 요즘은 결혼해도 아이를 낳지 않는 사람들이 많아요.

❸ 어렸을 때는 가게에 가서 우유를 사 오거나 아버지의 구두를 닦는 (　　　　　)을/를 참 많이 했어요.

❹ 요즘은 집에서 요리를 하지 않는 사람들이 많아서 (　　　　　)으로/로 반찬을 만들어서 파는 가게가 많아지고 있습니다.

2. 맞게 연결하십시오.

❶ 산후 도우미 •	•	㉠ 아픈 사람을 돌봅니다.
❷ 육아 도우미 •	•	㉡ 산모와 아기를 도와줍니다.
❸ 간병인 •	•	㉢ 장을 대신 봐 줍니다.
❹ 쇼퍼 •	•	㉣ 바쁜 부모를 위해 아이를 돌봅니다.

질문

1. 친구 집에서 아기를 돌보는 분은 누구입니까?

2. 친구는 왜 그 도우미를 씁니까?

3. 앞 글의 내용과 같으면 O, 다르면 X 하십시오.

❶ 가사 도우미는 집안일을 도와줍니다. ( )

❷ 이 사람의 나라에도 산후 도우미가 있습니다. ( )

❸ 이 사람의 친구가 애완동물 산책 도우미를 씁니다. ( )

❹ 아픈 사람을 돌보는 도우미를 간병인이라고 합니다. ( )

4. 앞 글에서 이 사람의 친구들이 도움을 받고 있는 도우미의 종류와 그 도우미들이 하는 일을 쓰십시오.

	종류	하는 일
1	❶	❷
2	❸	❹
3	❺	❻

5. 왜 이렇게 여러 종류의 도우미가 있을까요? 여러분은 어떤 도우미가 있었으면 좋겠습니까?

더 공부해 봅시다

- 다음은 잡지에 소개된 생활 정보입니다. 읽고 질문에 답하십시오.

베이킹 소다

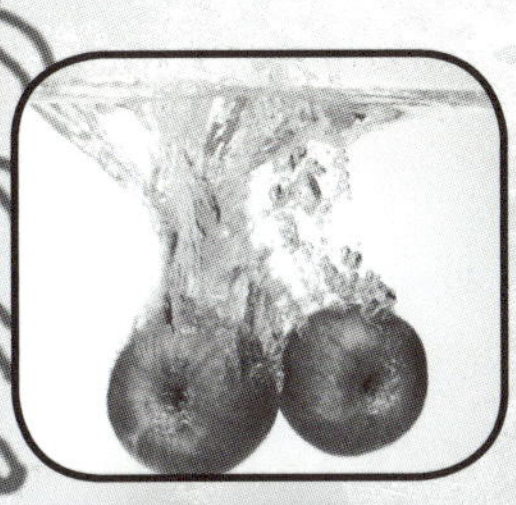

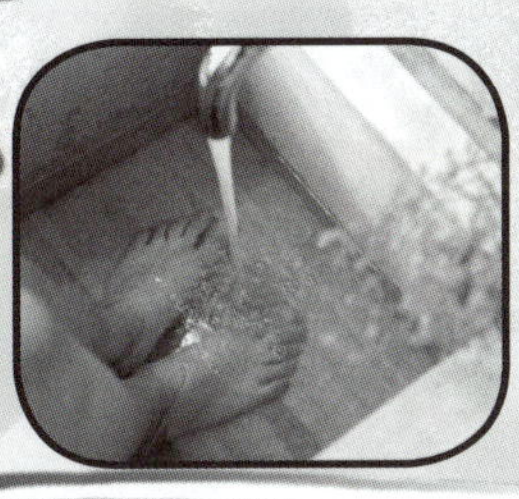

〈그릇을 닦을 때〉
냄비가 잘 닦이지 않을 때 물을 붓고 베이킹 소다 1숟가락을 넣은 후 물을 끓이면 가볍게 닦아 주기만 해도 깨끗해진다. 은제품을 닦을 때에도 좋다.

〈채소나 과일을 씻을 때〉
물로 가볍게 채소와 과일을 씻은 후에 베이킹 소다를 뿌리고 다시 물로 씻으면 아주 깨끗하게 된다.

〈머리를 감을 때〉
일주일에 한 번 정도 베이킹 소다를 넣은 물에 머리를 헹구면 머릿결이 부드러워지고 머리도 잘 빠지지 않는다.

〈발 마사지를 할 때〉
자기 전에 따뜻한 물에 3숟가락 정도의 베이킹 소다를 넣고 발 마사지를 하면 피곤이 쉽게 풀리고 발 냄새도 없어진다.

1. 머리를 감을 때 베이킹 소다를 쓰면 어떻게 됩니까?

2. 발 마사지할 때 베이킹 소다를 쓰면 어떤 점이 좋습니까?

읽어 봅시다 [CD: 80]

받침소리 5 /ㄴ, ㄵ, ㄶ/ → [ㄴ]　　/ㄹ, ㄼ/ → [ㄹ]

- 친구[친구]　한국 친구가 아기를 낳아서 친구 집에 놀러 갔습니다.
- 앉지[안찌], 앉읍시다[안즙씨다]　여기 앉지 말고 저쪽에 앉읍시다.
- 일[일], 많다[만타]　요즘은 전문적으로 이런 일을 해 주시는 분들이 많다.
- 여덟[여덜]　저는 여덟 살 때 부모님과 같이 영국에 가서 팔 년 동안 살았어요.
- 넓지[널찌], 넓은[널븐]　제 방은 넓지 않아서 넓은 방을 구하려고 해요.

베이킹 소다	baking soda	重曹	发酵粉苏打
은제품	silverware	銀製品	银制品
머리를 감다	to wash hair	髪を洗う	洗头发
헹구다	to rinse it out	すすぐ, ゆすぐ	漂洗
머릿결	hair (feeling of texture)	髪の毛の状態	头发
발	foot	足	脚
냄새	smell	臭い	气味

37-40과 확인해 봅시다

1. 다음을 읽어 봅시다.

❶ 넓은 차 밭의 초록빛이 얼마나 아름다운지 모릅니다.

❷ 우리는 콜택시로 짐을 옮겼어요.

❸ 내가 음식을 다 먹으면 그릇도 나노센서로 닦습니다.

❹ 요즘은 전문적으로 이런 일을 해 주시는 분들이 많다.

2. 다음 질문에 답하십시오.

1) 두 어휘가 서로 어울리지 않는 것을 고르십시오. ( )

❶ 아기 : 낳다 ❷ 예 : 들다 ❸ 기능 : 시키다 ❹ 추억 : 쌓다

2) '꽂다' 과 같이 쓸 수 없는 말을 고르십시오. ( )

❶ 꽃 ❷ 우산 ❸ 연필 ❹ 귀고리

3) 무엇에 대해서 이야기하고 있습니까? 알맞은 것을 고르십시오. ( )

오늘 손님이 많이 오시기 때문에 어머니께서 아주 바쁘십니다. 어머니는 저에게 가게에 가서 간장을 사 오라고 하시고 또 은행에 가서 돈을 찾아 오라고 하셨습니다.

❶ 가사 ❷ 마법 ❸ 자취 ❹ 심부름

4) 알맞은 어휘를 고르십시오. ( )

오늘 저는 공부하다가 모르는 단어가 많아서 옆에 앉은 친구에게 물어봤습니다. 제 친구는 처음에는 친절하게 잘 가르쳐 주었지만 5분마다 계속 질문을 하니까 나중에는 (   )었습니다/았습니다/였습니다.

❶ 부탁하다 ❷ 정리하다 ❸ 추가하다 ❹ 귀찮아하다

3. 다음의 내용과 같은 것을 고르십시오. (　　)

- 청소기 사용법 -

이 청소기는 물이 있는 곳도 청소할 수 있습니다. 물청소를 하고 싶으면 물청소 기능 버튼을 누르고 세워서 사용하십시오. 물청소 후에는 청소기를 마른 수건으로 잘 닦아야 합니다. 아이들은 가지고 놀거나 작동시키면 안 됩니다.

❶ 이 청소기는 아이들도 쉽게 사용할 수 있습니다.

❷ 이 청소기를 사용한 후에 물로 잘 닦아야 합니다.

❸ 이 청소기로 물이 있는 곳만 청소할 수 있습니다.

❹ 이 청소기는 물청소할 때 세워서 사용해야 합니다.

4. 다음을 읽고 질문에 답하십시오.

지난주 일요일에 이사를 했다. 나는 이사하는 것이 이렇게 힘든 줄 몰랐다. 다행히 친구들이 와서 나를 도와줬다. 무거운 짐을 옮기면서 나는 친구들에게 미안하다고 열 번이 넘게 말했다. 이사가 끝난 후에도 친구들은 밤늦게까지 남아서 정리하는 것도 도와주고 재활용 쓰레기도 버려 줬다. 모두 전혀 힘들지 않다고 하면서 웃었다. 나는 친구들이 얼마나 고마웠는지 모른다. 집안일도 모두 혼자서 하고 이사도 내 힘으로 해야 하는 것을 생각하면 외로울 때가 있다. 하지만 소중한 친구들 덕분에 나는 다시 힘이 난다. 앞으로 더 열심히 생활해야겠다.

1) 이 글의 내용과 같은 것을 고르십시오. (　　)

❶ 이삿짐 정리가 일찍 끝났습니다.

❷ 이사하는 것이 힘들지 않았습니다.

❸ 친구들은 이사가 재미있어서 웃었습니다.

❹ 이 사람은 이사할 때 친구들에게 미안해했습니다.

2) 친구들은 이사가 끝난 후에 왜 집에 가지 않았습니까? (　　)

❶ 같이 파티를 하려고　　❷ 이 사람에게 미안해서

❸ 정리를 끝까지 도와주려고　　❹ 무거운 짐을 옮겨서 쉬려고

3) 혼자 생활할 때 제일 힘든 집안일이 무엇입니까?

부록

모범 답안

어휘 색인

모범 답안

1 과

어휘 연습

1. ❶ 세계 ❷ 태어난 ❸ 기회가 ❹ 피어서
2. ❷ 춤을 ❸ 잠을 ❹ 그림을

질문

1. 이 사람은 여행사에서 일하고 싶어서 이 글을 썼습니다.
2. 이 사람은 여러 나라의 이야기를 알고 싶어서 책을 많이 읽었습니다.
3. ❶ ○ ❷ × ❸ × ❹ ×
4. 생략
5. 생략

더 공부해 봅시다 생략

2 과

어휘 연습

1. ❶ 편리해요 ❷ 이용하세요 ❸ 오래돼서 ❹ 다양한
2. ❶ 컴퓨터실, 멀티미디어실, 교실, 화장실, 미용실, 사무실 등 ❷ 학생회관, 영화관, 박물관, 미술관, 대사관, 체육관 등 ❸ 책방, 찜질방, PC방, DVD방 등

질문

1. 이 사람은 두 달 전에 한국에 왔습니다.
2. 한국어학당에는 여러 나라에서 온 학생들이 많아서 다양한 친구들을 만날 수 있기 때문에 여러 나라를 여행하는 것 같습니다.
3. ❶ × ❷ ○ ❸ × ❹ ○
4. ❶-㉣ ❷-㉠ ❸-㉢ ❹-㉡ ❺-㉤
5. 생략

더 공부해 봅시다 1. 생략 2. 생략

3 과

어휘 연습

1. ❶ 생각하고 ❷ 건강에 ❸ 소중한 ❹ 원룸에서
2. ❷ 전화를 합니다, 사진을 찍습니다 등 ❸ 컴퓨터를 합니다, 이메일을 보냅니다 등 ❹ 밥을 합니다 등 ❺ 텔레비전을 봅니다 등

질문

1. 어머니께서 이 사람 건강을 걱정하셔서 밥솥을 보내 주셨습니다.
2. 이 밥솥은 작아서 혼자 밥을 해 먹기도 좋고 밥도 아주 빨리 됩니다.
3. ❶ × ❷ ○ ❸ × ❹ ○
4. 생략
5. 생략

더 공부해 봅시다

1. 잃어버린 디카를 찾고 싶어서 이 글을 썼습니다.
2. 어제 이 근처에서 디카를 잃어버렸습니다.

4 과

어휘 연습

1. ❶ 생각납니다 ❷ 차가운 ❸ 열립니다 ❹ 시간을 보냅니다
2. ❶ 서쪽 ❷ 북서쪽 ❸ 북동쪽 ❹ 동쪽 ❺ 남서쪽 ❻ 남쪽

질문

1. 미국의 북쪽, 알래스카와 북극해의 남쪽에 있습니다.
2. 여름에는 날씨가 좋고 겨울에는 비가 많이 옵니다.
3. ❶ ○ ❷ × ❸ × ❹ ○
4. ❸
5. 생략

더 공부해 봅시다

1. 러시아, 칠레, 그리스, 베트남
2. 생략

확인해 봅시다(1~4과)

1. 생략

2. 1) ❸ 2) ❷ 3) ❶ 4) ❷

3. ❹

4. 1) ❶ 2) ❹ 3) 생략

5 과

어휘 연습

1. ❶ 특별한 ❷ 나눠 ❸ 이사할 ❹ 옛날
2. ❶-ⓒ ❷-㉠ ❸-㉣ ❹-ⓛ

질문

1. 한국 사람들은 특별한 날에 떡을 같이 나눠 먹습니다.
2. '붉은 떡을 먹으면 나쁜 일이 생기지 않을 거예요.' 하고 생각해서 붉은 떡을 먹습니다.
3. ❶ ○ ❷ × ❸ ○ ❹ ×
4. ❶ 추석 ❷ 생일 ❸ 설날 ❹ 잔치, 이사
5. 생략

더 공부해 봅시다 생략

6 과

어휘 연습

1. ❶ 먹이려고 ❷ 대접할 ❸ 부끄러워하지 ❹ 설명해
2. ❶-ⓛ ❷-㉠ ❸-ⓒ ❹-ⓛ ❺-㉠ ❻-ⓒ

질문

1. 미역국과 국수 이야기를 했습니다.
2. 언제 국수를 먹여 줄 거예요?
3. ❹
4. 미역국을, 미역국을, 미역국을, 국수를, 국수를, 국수를
5. 생략

더 공부해 봅시다 1. 생략 2. 생략

7 과

어휘 연습

1. ❶ 익으면 ❷ 끓습니다 ❸ 바릅니다 ❹ 빼려고
2. ❷ 짜다 : 소금, 간장, 된장찌개 등 ❸ 맵다 : 고추, 김치, 양파 등 ❹ 시다 : 식초, 레몬, 귤 등

질문

1. 옛날에 궁중에서 먹기 시작했기 때문입니다.
2. 요즘 떡볶이는 맵지만 궁중떡볶이는 맵지 않습니다.
3. ❶ ○ ❷ × ❸ × ❹ ○
4. ❷ 소고기 : 썰다 → 볶다 ❸ 떡 : 데치다 → 물을 빼다 → 참기름을 바르다 → 볶다
   ❹ 참기름 : 떡에 바르다 → 소고기와 표고버섯에 넣다 → 떡볶이에 뿌리다
5. 생략

더 공부해 봅시다

1. 어묵 국물, 물, 고추장, 설탕, 떡, 어묵, 마늘, 파가 필요합니다.
2. 물이 끓으면 떡을 넣습니다.

8 과

어휘 연습

1. ❶ 상하기 ❷ 사용하면 ❸ 말립니다 ❹ 젓가락으로
2. 더운, 뜨거운, 더울, 찬, 추운, 따뜻한, 시원한

질문

1. 한국 젓가락보다 중국 젓가락이 더 깁니다. 중국에는 튀긴 음식과 볶은 음식이 많아서 기름이 많고 뜨겁기 때문입니다.
2. 여러 나라의 문화를 잘 알고 싶으면 그 나라의 음식을 먹어 보는 것이 좋습니다.
3. ❶ ○ ❷ ○ ❸ × ❹ ○
4. ❶ 숟가락과 젓가락을 사용하고 밥을 먹을 때도 그릇을 상 위에 놓고 숟가락으로 먹습니다. ❷ 밥그릇을 들고 먹습니다. ❸ 밥을 젓가락으로 먹습니다. ❹ 젓가락이 깁니다. ❺ 튀김 음식과 볶은 음식이 많아서 기름이 많고 뜨겁습니다. ❻ 고기나 생선에 소금을 뿌려서 말린 후에 추운 겨울에도 오랫동안 먹을 수 있는

음식을 만들었습니다. ❼ 겨울이 깁니다. ❽ 날씨가 더워서 음식이 쉽게 상할 수 있습니다.

5. 생략

더 공부해 봅시다 생략

확인해 봅시다(5~8과)

1. 생략
2. 1) ❹ 2) ❷ 3) ❸ 4) ❷
3. ❹
4. 1) ❹ 2) ❸ 3) 생략

9 과

어휘 연습

1. ❶ 영수증이 ❷ 현금을 ❸ 돌아다닙니다 ❹ 모양의
2. ❷ 티셔츠 ❸ 바지 ❹ 운동화 ❺ 귀고리 ❻ 블라우스 ❼ 치마 ❽ 구두

질문

1. 시장을 더 좋아합니다. 시장에는 여러 가지 물건도 많고 여기저기 돌아다니면 좋은 물건을 싸게 살 수 있기 때문입니다.
2. 이 사람은 노란 모자와 좋아하는 가수의 얼굴 사진이 있는 티셔츠를 샀고 친구는 하얀 블라우스와 까만 색 긴 바지를 샀습니다.
3. ❶ × ❷ ○ ❸ × ❹ ○
4. ❶ 시 ❷ 시 ❸ 백 ❹ 시
5. 생략

더 공부해 봅시다

1. 백화점에서 싸게 팝니다.
2. 35만 원에 살 수 있습니다. 상품권을 만 원 받을 수 있습니다.

10 과

어휘 연습

1. ❶ 넉넉하니까 ❷ 서비스로 ❸ 단골 가게가 ❹ 종류의
2. ❶-㉡ ❷-㉠ ❸-㉣ ❹-㉢

질문

1. 큰 생선 한 마리와 새우를 샀습니다.
2. 여러 가지 재미있는 구경도 하고 맛있는 생선도 먹었습니다. 그리고 사진도 찍었습니다.
3. ❶ ○ ❷ × ❸ × ❹ ○
4. 생략
5. 생략

더 공부해 봅시다

1. 10월 1일부터 10월 31일까지 한 달 동안 세일을 합니다.
2. 연세카드로 5만 원 이상 산 사람에게 사은품을 줍니다.
3. 주말에 제일 싸게 살 수 있습니다.

11 과

어휘 연습

1. ❶ 넘게 ❷ 어두워서 ❸ 주문하려고 ❹ 놀랐습니다
2. ❷ 계속됩니다 ❸ 이해됩니다 ❹ 사용됩니다

질문

1. 이 사람은 인터넷 사이트에서 책상을 샀습니다.
2. 백화점에서 본 책상은 값이 비싸서 살 수 없었습니다. 시장에는 마음에 드는 책상이 없어서 살 수 없었습니다.
3. ❹
4. ❶-㉣㉥, ❷-㉢ ❸-㉠㉡㉤
5. 생략

더 공부해 봅시다 생략

12 과

어휘 연습

1. ❶ 환경을 ❷ 중고품 ❸ 헌 ❹ 구하려고
2. ❶ 어렵다 ❷ 열다

질문

1. 중고품 시장에는 아이들의 옷과 장난감, 가전 제품, 주방용품, 요즘은 살 수 없는 옛날 물건 등 여러 가지 물건이 있습니다.
2. 중고품을 사면 물건을 싸게 살 수 있고 환경 보호에도 좋습니다.
3. ❶ × ❷ × ❸ ○ ❹ ○
4. ❶ 사람들은 자기가 사용한 물건을 거기에 가지고 가서 팔 수 있습니다. 그리고 거기에서 다른 사람이 사용한 물건도 살 수 있습니다. ❷ 사람들은 자기가 사용하지 않는 물건을 '아름다운 가게'에 줍니다. 그리고 '아름다운 가게'에서는 그 물건들을 싼 값에 팔아서 어려운 사람들을 돕습니다.
5. 생략

더 공부해 봅시다

1. ○○대학교 중고품 시장을 소개하는 글입니다.
2. 어려운 학생들에게 장학금을 주려고 중고품 시장을 엽니다.
3. 누구든지 살 수 있습니다.

확인해 봅시다(9~12과)

1. 생략
2. 1) ❶ 2) ❷ 3) ❷ 4) 영수증
3. ❷
4. 1) ❹ 2) ❸ 3) 생략

13 과

어휘 연습

1. ❶ 포장해 ❷ 웃음이 나요 ❸ 계획한 ❹ 두근두근했어요
2. ❷ 모시고 가다 : 남자가 할머니를 모시고 갑니다 ❸ 가지고 가다 : 선생님이 책을 가지고 갑니다

질문

1. 리에가 모르게 파티를 계획해야 하기 때문에 어렵습니다.
2. 선물도 준비하고 식당도 예약했습니다.
3. ❶ ○ ❷ × ❸ × ❹ ○
4. 리에
5. 생략

더 공부해 봅시다 생략

14 과

어휘 연습

1. ❶ 데려다 주고 ❷ 느꼈어요 ❸ 동네는 ❹ 언어 교환을
2. ❶-㉣ ❷-㉠ ❸-㉢ ❹-㉡

질문

1. 이 사람은 언어 교환을 하는 한국 친구 집에 갔습니다.
2. 이 사람은 꽃다발을 가지고 갔습니다.
3. ❶ × ❷ ○ ❸ ○ ❹ ×
4. ❷ 친구 어머니 ❸ 친구의 여동생 ❹ 친구 어머니 ❺ 친구 아버지 ❻ 친구
5. 생략

더 공부해 봅시다

1. 마이클 씨가 김진수 씨에게 썼습니다.
2. 지난번에 집에 초대해 줘서 고마웠다고 이야기하고 다음 주 토요일에 하는 바비큐 파티에 초대하려고 이 이메일을 썼습니다.

15 과

어휘 연습

1. ❶ 드디어 ❷ 축하합니다 ❸ 이루고 ❹ 일시와
2. ❷ 차녀 ❸ 장남 ❹ 차남 ❺ 삼녀

질문

1. 결혼식에 초대하는 글입니다.
2. 김준혁 씨와 박지혜 씨가 결혼합니다.

3. ❶ × ❷ ○ ❸ × ❹ ○
4. 생략
5. 생략

더 공부해 봅시다

1. 서울 세계 불꽃축제 초대장입니다.
2. 불꽃축제와 유명한 가수들의 공연을 볼 수 있습니다.

16 과

어휘 연습

1. ❶ 중요하니까 ❷ 기념 촬영을 ❸ 친한 ❹ 설레어요
2. 생략

질문

1. 이 사람은 기쁘기도 하고 섭섭하기도 했습니다.
2. 결혼식에서 부케를 받으면 6개월 안에 결혼해야 하는데 남자친구가 없어서 걱정했습니다.
3. ❶ ○ ❷ ○ ❸ × ❹ ×
4. 생략
5. 생략

더 공부해 봅시다

1. 지혜의 친구들과 후배가 썼습니다.
2. 생략

확인해 봅시다(13~16과)

1. 생략
2. 1) ❷ 2) ❶ 믿음 ❷ 그림 ❸ 잠 ❹ 모임 3) ❶ 4) ❹
3. ❸
4. 1) ❶ 2) ㉠ 언제 ㉡ 어디 ㉢ 얼마 3) 생략

17 과

어휘 연습

1. ❶ 하루 종일 ❷ 서비스가 ❸ 시내는 ❹ 언어를
2. ❶-㉢ ❷-㉠ ❸-㉣ ❹-㉡

질문

1. 이 사람은 서울 시내를 구경하는 도심순환버스를 탔습니다.
2. 국립중앙박물관 → 이태원 → 한옥 마을 → 서울타워 → 대학로
3. ❶ × ❷ × ❸ ○ ❹ ×
4. ❶ 도심순환버스 ❷광화문에 있는 면세점 앞 ❸ 10시 ❹ 친구 ❺ 국립중앙박물관
5. 생략

더 공부해 봅시다

1. 청계, 고궁코스 버스를 타야 합니다.
2. 생략

18 과

어휘 연습

1. ❶ 정확하게 ❷ 안전한 ❸ 젊었을 ❹ 양보했어요
2. ❶-㉡ ❷-㉠ ❸-㉢ ❹-㉣

질문

1. 지하철은 버스보다 시간이 정확하고 갈아타기 쉽기 때문에 지하철을 타는 사람이 많습니다.
2. 지하철 안에는 노약자들만 앉는 노약자석이 있고 65세가 넘은 노인들은 무료로 지하철을 이용할 수 있습니다.
3. ❶
4. ❷ 음악을 듣는 사람의 모습 ❸ 휴대전화로 게임을 하는 사람의 모습 ❹ 꾸벅꾸벅 조는 사람의 모습 ❺ 큰 소리로 전화를 하는 사람의 모습 ❻ 숙제를 하는데 친절하게 가르쳐 주는 사람의 모습
5. 생략

더 공부해 봅시다

1. 교통카드를 충전하는 방법입니다.
2. 생략

19 과

어휘 연습

1. ❶ 계단으로 ❷ 전시하고 ❸ 특이해요 ❹ 군데나
2. ❷ 공연장 : 공연을 봅니다. ❸ 화랑 : 전시회를 봅니다. ❹ 결혼식장 : 결혼을 합니다.

질문

1. 멋있고 재미있어서 가 보고 싶은 지하철역을 소개하는 글입니다.
2. 예쁜 색이 많아서 미술관 같습니다.
3. ❶ × ❷ ○ ❸ ○ ❹ ○
4. ❶-㉡ ❷-㉠ ❸-㉣ ❹-㉢
5. 지하철역이 아주 아름다워서 녹사평역에서 결혼식을 합니다.

더 공부해 봅시다

1. 서대문역이나 올림픽공원역에서 내리면 박물관에 갈 수 있습니다.
2. 생략

20 과

어휘 연습

1. ❶ 우주는 ❷ 자유로운 ❸ 사라지고 ❹ 상상했습니다
2. ❷ 당나귀 ❸ 말 ❹ 코끼리 ❺ 낙타

질문

1. 교통수단입니다.
2. 옛날-소와 말, 지금-버스와 지하철과 비행기와 KTX, 미래-엘리베이터와 자가용 우주선과 우주 버스
3. ❶ ○ ❷ × ❸ × ❹ ○
4. ❶ 옆 마을의 산에 갔다가 집으로 돌아옵니다. ❷ 지하철 ❸ 엘리베이터 ❹ 우주에 갑니다.
5. 생략

더 공부해 봅시다

1. 자동차-일본, 오토바이-남산, 기차-고향, 자전거-바닷가
2. 생략

확인해 봅시다(17~20과)

1. 생략
2. 1) ❹ 2) ❹ 3) ❷ 4) ❶
3. ❹
4. 1) ❶ 2) ❸ 3) 생략

21 과

어휘 연습

1. ❶ 새로 ❷ 스트레스가 풀릴 ❸ 정했어요 ❹ 상영하는
2. ❶-㉢ ❷-㉠ ❸-㉣ ❹-㉡

질문

1. 새 건물이어서 깨끗하고 이용하기가 편리합니다.
2. 원하는 멀티미디어 자료를 컴퓨터로 빨리 찾을 수 있습니다. 외국어 공부도 하고 음악도 들을 수 있습니다. 영화도 볼 수 있습니다.
3. ❶ × ❷ × ❸ × ❹ ×
4. 언어 교환을, 영화 감상입니다, 학술정보관은, 멀티미디어센터가, 영화감상실에서는, 금요일에
5. 생략

더 공부해 봅시다 1. 생략 2. 생략

22 과

어휘 연습

1. ❶ 지루해서 ❷ 권합니다 ❸ 직원이 ❹ 차례니까
2. 뽑다

질문

1. 이 사람이 간 은행은 사람이 많아서 좀 복잡했습니다. 직원이 친절하고 일을 생각보다 빨리

처리해 줬습니다. 그리고 서비스가 좋은 것 같았습니다.
2. 학생증과 여권을 가지고 갔습니다.
3. ❶ ○ ❷ × ❸ × ❹ ×
4. ❸ → ❶ → ❷ → ❻ → ❹
5. 생략

더 공부해 봅시다

❸ → ❺ → ❹ → ❽ → ❼

23 과

어휘 연습

1. ❶ 유행하는 ❷ 따라 하기 ❸ 서툴러요 ❹ 광고를
2. ❷ 집에 가서 옷장 안에 옷을 ❸ 부모님이 보고 싶어서 집에 전화를 ❹ 시계가 없으니까 불편해서 벽에 시계를

질문

1. 이 사람은 화요일과 목요일 저녁에 서대문구청 문화회관에서 요가를 배웁니다.
2. 아직 한국말이 서툴러서 선생님의 말씀을 잘 몰라도 다른 학생들을 보고 따라할 수 있으니까 어렵지 않을 것 같아서 요가를 신청했습니다.
3. ❶ × ❷ ○ ❸ ○ ❹ ×
4. ❶ 한국에 사는 동안 한국 사람들도 많이 만나고 한국에 대해서 많이 배우고 싶었습니다. ❷ 한 달에 2만 원~6만 원 정도로 값이 별로 비싸지 않았습니다. ❸ 선생님의 말씀을 잘 몰라도 다른 학생들을 보고 따라 할 수 있으니까 어렵지 않을 것 같았습니다. ❹ 화요일과 목요일 저녁에 1시간 동안 합니다.
5. 생략

더 공부해 봅시다

1. 이곳의 수업은 1년에 4번 개강합니다. 한 학기 수업은 12주 동안 합니다.
2. 직접 가서 신청하거나 인터넷으로 신청할 수 있습니다.

24 과

어휘 연습

1. ❶ 서로 ❷ 게을러서 ❸ 사실 ❹ 양로원에
2. 특별히, 열심히, 천천히, 급히

질문

1. 자원봉사는 어려운 사람들을 도와주는 일이지만 사실 내가 배우는 것이 더 많고 서로 나누는 기쁨도 클 것 같습니다.
2. 일주일에 한 번 양로원에 계신 할머니와 할아버지를 찾아가서 이야기를 해 드리는 일을 해 보려고 합니다.
3. ❶ × ❷ ○ ❸ × ❹ ○
4. ❶ 노인들에게 점심을 나눠 드리는 일 ❷ 아이들에게 영어를 가르치는 일
5. 생략

더 공부해 봅시다

1. 자원봉사 교육을 받아야 합니다.
2. 연세가 많으신 할아버지, 할머니를 도우려고 하는 것입니다.

확인해 봅시다(21~24과)

1. 생략
2. 1) ❸ 2) ❹ 3) ❹ 4) ❸
3. ❷
4. 1) ❷ 2) 만두 만들기 행사가 있었는데 이날 사람들은 한국과 중국의 전통 만두를 같이 만들어서 나눠 먹고 만두 3천 개를 만들어서 어려운 사람들에게 나눠 줬습니다. 3) 생략

25 과

어휘 연습

1. ❶ 들리지 ❷ 부드럽고 ❸ 떨려서 ❹ 부끄러워서
2. ❶ 행복하게 ❷ 재미있어요 ❸ 즐겁게 ❹ 기뻐하셨습니다

질문

1. 미영 씨가 피터 씨에게 전화를 했습니다.
2. 피터 씨가 인사도 안 하고 영화를 보러 가자고 했고, 그 말을 듣고 미영 씨가 웃어서 부끄러워했습니다.
3. ❷
4. ❷ 미영 씨를 처음 만났을 때 너무 떨리고 한국말도 생각이 안 나서 실수를 많이 했다. ❸ 미영 씨를 다시 만나고 싶었지만 어떻게 연락을 해야 할지, 무슨 말을 어떻게 해야 할지 몰라서 오늘도 한참 생각했다. ❹ 나는 깜짝 놀라서 인사도 안 하고 영화를 보러 가자고 했다. ❺ 나는 부끄러웠지만 행복했다.
5. 생략

더 공부해 봅시다 1. 생략 2. 생략

26 과

어휘 연습

1. ❶ 답답해요 ❷ 자신이 있어요 ❸ 물론이라고 ❹ 이상하게
2. 늘다

질문

1. 한국말로 전화하기는 생각보다 어려웠습니다.
2. 발음이 이상해서 일본 사람이냐고 한 것 같습니다.
3. ❶ ○ ❷ × ❸ × ❹ ○
4. ❶-㉢ ❷-㉠ ❸-㉣ ❹-㉡
5. 생략

더 공부해 봅시다 생략

27 과

어휘 연습

1. ❶ 늘 ❷ 외로워요 ❸ 화면이 ❹ 유학을
2. 나다

질문

1. 화상 통화는 소리도 잘 들리고 화면도 커서 좋습니다. 그리고 통화하는 사람이 바로 옆에 있는 것 같아서 좋습니다.
2. 이 사람은 여자입니다. 화장을 합니다.
3. ❶
4. 생략
5. 생략

더 공부해 봅시다

1. 한국 드라마와 배우에 대한 이야기를 하고 있습니다.
2. 여러 사람과 같이 이야기를 나눌 수 있습니다, 사진을 같이 볼 수 있습니다 등

28 과

어휘 연습

1. ❶ 불안해해요 ❷ 똑같은 ❸ 맞아서 ❹ 깨워
2. ❶-㉡ ❷-㉠ ❸-㉢ ❹-㉣

질문

1. 이것은 휴대전화입니다.
2. 같이 자고, 어디든지 데리고 가고, 손을 잡고 다니고, 이야기도 많이 해서 단짝 친구라고 합니다.
3. ❶ × ❷ ○ ❸ ○ ❹ ×
4. ❶ 저울이 뭐야? ❷ 볼펜 5개에 1,200원이면 한 개에 얼마야?
5. 생략

더 공부해 봅시다

1. 집에 휴대전화를 놓고 오면 마음이 불안하고, 수업시간 중에도 문자메시지가 오면 바로 확인하고, 전화나 문자메시지가 오지 않아도 휴대전화를 확인하는 일이 많습니다.
2. 생략

확인해 봅시다(25~28과)

1. 생략
2. 1) ❸ 2) ❶ 3) ❸ 4) ❹

모범 답안

3. ❸
4. 1) ❷ 2) ❸ 3) 생략

29 과

어휘 연습

1. ❶ 결과가 ❷ 최근 ❸ 분의 ❹ 증상을
2. ❶-㉠ ❷-㉣ ❸-㉢ ❹-㉡

질문

1. 이 사람은 배가 아프고 설사도 여러 번 했습니다.
2. 이 사람은 의사 선생님을 만나고 검사를 받았습니다. 그리고 주사도 맞았습니다.
3. ❶ × ❷ ○ ❸ ○ ❹ ×
4. 생략
5. 생략

더 공부해 봅시다 생략

30 과

어휘 연습

1. ❶ 삐었어요 ❷ 다행히 ❸ 만지지 ❹ 신기해했어요
2. 맞다

질문

1. 이 사람은 한의원에서 침을 맞았습니다.
2. 이 사람은 침을 몇 번 더 맞고 찜질을 해야 합니다. 그리고 많이 걷지 말고 쉬어야 합니다.
3. ❶ ○ ❷ ○ ❸ × ❹ ○
4. 발목을, 한의원에, 신기하다고, 찜질을, 약은
5. 생략

더 공부해 봅시다

1. 이 사람은 몸이 약해서 자주 피곤하고 뱃살이 많고 오후가 되면 다리가 붓는 것을 걱정합니다.
2. 한의사는 짧은 기간에 심하게 다이어트를 하지 말고 운동을 자주 해야 한다고 했습니다.

31 과

어휘 연습

1. ❶ 당겨야 ❷ 반복해서 ❸ 세고 ❹ 뻗고
2. ❷ 팔 ❸ 발 ❹ 허리 ❺ 무릎

질문

1. 의자에 앉아서 할 수 있는 스트레칭을 소개하고 있습니다.
2. 이 스트레칭은 학생이 하면 좋습니다.
3. ❶ × ❷ ○ ❸ ○ ❹ ×
4. ❶-㉡ ❷-㉠ ❸-㉣ ❹-㉢ ❺-㉤
5. 생략

더 공부해 봅시다

1. 책에서 볼 수 있습니다.
2. 3장을 보는 것이 좋습니다.
3. 5장에 있습니다.

32 과

어휘 연습

1. ❶ 감기에 걸려서 ❷ 진료비가 ❸ 돌려받았어요 ❹ 보험료를
2. ❶-㉣ ❷-㉢ ❸-㉡ ❹-㉠

질문

1. 마이클 씨는 진료비가 생각보다 많이 나와서 깜짝 놀랐습니다.
2. 유미 씨는 여행자 보험에 들었기 때문에 진료비 걱정을 하지 않았습니다.
3. ❶ ○ ❷ × ❸ × ❹ ×
4. 영수증을, 진료비를, 외국인등록증을, 건강보험공단에
5. 생략

더 공부해 봅시다

1. 외국인등록증이 있어야 합니다.

2. 건강보험에 들면 외국인들도 싸게 병원 진료를 받을 수 있습니다.

확인해 봅시다(29~32과)

1. 생략
2. 1) ❷ 2) 증상이/증세가 3) ❷ 4) ❸
3. ❹
4. 1) ❹ 2) ❸ 3) 생략

33 과

어휘 연습

1. ❶ 긴장이 돼요 ❷ 아껴 ❸ 얻어 타고 ❹ 고생했어요
2. ❹ → ❷ → ❶ → ❺

질문

1. 한국의 여러 곳을 구경하고 학교에서 배운 한국말을 연습하기 위해서 한국에서 여행을 했습니다.
2. 군대에 가기 전에 혼자 여행을 온 한국 대학생을 만났습니다.
3. ❹
4. ❷
5. 생략

더 공부해 봅시다

1. 여행책자를 소개하는 글입니다.
2. 생략

34 과

어휘 연습

1. ❶ 보물입니다 ❷ 교통사고가 나서 ❸ 따라서 ❹ 전혀
2. ❷ 모르는 사람이 따라와서 ❸ 친구가 외국 사람인데 한국말을 아주 잘해서 ❹ 오랜만에 등산을 해서

질문

1. 이 사람은 아랍에미리트, 미국, 브라질, 스페인, 페루, 인도에 간 이야기를 썼습니다.
2. 마이클 잭슨 콘서트에 가서 사인을 받았고 교통사고가 나서 병원에 입원했습니다.
3. ❶ × ❷ × ❸ ○ ❹ ○
4. ❶-ⓛ ❷-ⓖ ❸-ⓒ ❹-ⓜ ❺-ⓡ
5. 생략

더 공부해 봅시다 생략

35 과

어휘 연습

1. ❶ 정보를 ❷ 신나게 ❸ 학습에 ❹ 새로운
2. ❶ 쓰다가, 쓴 ❷ 치거나, 쳐요 ❸ 싸서, 싸게 ❹ 불러서, 부르지

질문

1. 여행 계획을 세우는 것입니다.
2. 여행지 정보입니다.
3. ❶ ○ ❷ ○ ❸ × ❹ ×
4. ❷ → ❶ → ❹ → ❻ → ❸
5. 생략

더 공부해 봅시다 생략

36 과

어휘 연습

1. ❶ 따고 ❷ 밭에서 ❸ 명상하면 ❹ 즐기려면
2. ❶-ⓛ ❷-ⓡ ❸-ⓖ ❹-ⓒ

질문

1. 이 사람은 보성의 녹차 밭과 담양의 대나무 숲을 추천했습니다. 자연의 아름다움을 느낄 수 있어서 추천했습니다.
2. 여행사 단체 관광 상품을 이용하는 것이 좋습니다.

모범 답안

3. ❶
4. ❶-㉠ ❷-㉡ ❸-㉠ ❹-㉠ ❺-㉡ ❻-㉠
5. 생략

더 공부해 봅시다

1. 20곳의 산과 공원에서 안내인과 함께 숲길을 걷는 프로그램입니다.
2. 서울시 숲속여행 프로그램 홈페이지에서 온라인으로 예약하거나 전화로 신청해야 합니다.
3. 남산식물원에서 서울타워까지 걸어 올라가는 것인데 가는 동안 안내인이 남산의 역사와 문화에 대해서 설명해 주는 프로그램입니다.

확인해 봅시다(33~36과)

1. 생략
2. 1) ❹ 2) ❸ 3) ❷ 4) ❸
3. ❷
4. 1) ❹ 2) ❹ 3) 생략

37 과

어휘 연습

1. ❶ 꽂아서 ❷ 눕고 ❸ 예를 들어서
   ❹ 지저분해요
2. 쓸었습니다, 치우고, 닦았습니다, 씻은

질문

1. 청소하기를 싫어해서 방이 지저분합니다.
2. 한 가지 일이 끝나면 5분 동안 꼭 청소를 하는 것입니다.
3. ❷
4. ❷ ❺
5. 생략

더 공부해 봅시다

1. 방 친구가 청소를 하지 않는데 싸우지 않고 같이 청소할 수 있는 방법을 알고 싶어서 이 글을 썼습니다.
2. 생략

38 과

어휘 연습

1. ❶ 올랐어요 ❷ 추억을 쌓고
   ❸ 배달시켰어요 ❹ 무사히
2. 들다

질문

1. 이 사람은 학교 근처에 있는 하숙집으로 이사했습니다. 햇빛이 잘 들어서 방도 밝고 조용했습니다. 그리고 교통편도 좋은 데다가 하숙비도 싸서 거기로 이사하기로 했습니 다.
2. 이 사람은 콜택시로 짐을 옮겼습니다.
3. ❸
4. ❻ → ❷ → ❸ → ❹ → ❺
5. 생략

더 공부해 봅시다

1. 방을 찾는 사람에게 필요한 글입니다.
2. 생략

39 과

어휘 연습

1. ❶ 귀찮게 ❷ 주물러 ❸ 작동하려면
   ❹ 추가했어요
2. ❷ 청소기로 ❸ 세탁기로 ❹ 다리미로

질문

1. 모든 기능을 가지고 집안일을 알아서 해 주는 가사 로봇에 대한 이야기입니다.
2. 이 사람이 어렸을 때 쓰던 가전제품은 사람이 하나하나 직접 작동해야 했지만 요즘의 가사 로봇은 집안일을 다 알아서 해 줍니다.
3. ❶ ○ ❷ × ❸ ○ ❹ ○
4. ❶ 물이 없이 더러운 옷을 깨끗하게 세탁한다. ❷ 요리
   ❸ 사람의 기분이나 건강 상태를 보고 먹고 싶은 음식을 요리한다.
   ❹ 설거지 ❺ 그릇을 깨끗하게 닦는다.

⑥ 마사지 ⑦ 어깨, 팔, 다리 마사지를 잘 한다. ⑧ 다림질 ⑨ 세탁소 아저씨보다 다림질을 잘 한다.

5. 생략

더 공부해 봅시다

1. 텔레비전, 또는 전자책이나 컴퓨터 화면으로 쓸 수 있고 그런 기능을 끄면 사용자의 기분에 맞는 그림으로 변합니다.
2. 오늘 날씨에 맞는 옷을 추천해 주고 그 옷을 입은 모습까지 보여 줍니다.

40 과

어휘 연습

1. ❶ 육아 ❷ 예전에는 ❸ 심부름을 ❹ 전문적으로
2. ❶-ⓛ ❷-ⓡ ❸-㉠ ❹-ⓒ

질문

1. 산후 도우미입니다.
2. 아기를 낳은 후에 도움이 필요해서 도우미를 씁니다.
3. ❶ ○ ❷ × ❸ × ❹ ○
4. ❶ 산후 도우미 ❷ 산후에 산모와 아기를 전문적으로 도와줍니다. ❸ 가사 도우미 ❹ 집안일을 도와줍니다. ❺ 심부름 도우미 ❻ 약을 사러 가거나 전등을 바꾸는 등 하기 어려운 일을 도와줍니다.
5. 생략

더 공부해 봅시다

1. 머릿결이 부드러워지고 머리도 잘 빠지지 않습니다.
2. 피로가 쉽게 풀리고 발 냄새도 없어집니다.

확인해 봅시다(37~40과)

1. 생략
2. 1) ❸ 2) ❹ 3) ❹ 4) ❹
3. ❹
4. 1) ❹ 2) ❸ 3) 생략

어휘 색인

YONSEI KOREAN READING 2

어휘 색인

참고 자료

과	주제	참고자료
7	궁중떡볶이	blog.naver.com/loveis3369
11	편리한 쇼핑	두닷쇼핑몰 홍보팀 www.dodot.co.kr
15	청첩장	초롱불카드 www.chorongbul.com
17	서울 구경	서울관광마케팅 www.visitseoul.net
19	가 보고 싶은 지하철역	서울메트로 www.seoulmetro.co.kr
21	학술정보관	남산도서관 www.nslib.sen.go.kr 국립중앙도서관 www.nl.go.kr 정독도서관 www.jdlib.sen.go.kr
22	서비스가 좋은 은행	국민은행 신촌점 www.kbstar.com
30	한의원에서의 신기한 경험	김민석한의원
35	여행 계획	한국음악저작권협회 www.komca.or.kr KOMCA 승인 필